KB074484

동화 한 구절의 인문학

우리 아이 문해력을 키우는 독서 길라잡이

동화 한 구절의 인문학

초판 1쇄 인쇄 2024년 3월 25일
초판 1쇄 발행 2024년 3월 31일

지은이 안지원
펴낸이 천정한
펴낸곳 도서출판 정한책방

출판등록 2019년 4월 10일 제446-25100201900036호
주소 충북 괴산군 청천면 청천10길 4
전화 070-7724-4005
팩스 02-6971-8784
블로그 http://blog.naver.com/junghanbooks
이메일 junghanbooks@naver.com

ISBN 979-11-87685-80-7 (03020)

우리 아이 문해력을 키우는
독서 길라잡이

동화
한 구절의
인문학

안지원 지음

　　　　　　　　　　　　　　　　　　－ 프란치스카 비어만, 『책 먹는 여우』

　　『책 먹는 여우』의 시작 부분입니다. 이 책은 여우 아저씨가
책을 다 읽고 나면 소금과 후추를 뿌려서 꿀꺽 먹어치웠다는 이
야기로 시작합니다. 그러니까 여우 아저씨는 책을 읽을 뿐만 아

니라 책을 먹기까지 해야 '지식'과 '허기'가 채워졌다고 하네요.

　독서를 흔히 마음의 양식이라고 합니다. 양식은 생존을 위한 먹을거리를 뜻합니다. 음식이 육체의 허기를 달래주는 것처럼, 책은 정신적인 허기를 달래주지요. 그러니까 여우 아저씨가 책을 먹었다는 것은 첫 번째로 책을 다 읽고, 두 번째로 소금과 후추를 뿌린 다음, 세 번째로 책을 꿀꺽 먹음으로써 최소한 3단계를 거쳐 책을 소화한 것을 비유한 것입니다.

　소금과 후추는 음식의 본질을 살리면서 맛을 더하는 조미료입니다. 꿀꺽 삼키는 것은 소화한다는 점에서 '자기 것으로 만들다'라는 사전적 의미를 적용해볼 수 있습니다. 책 자체의 텍스트를 꼼꼼히 읽고, 소금과 후추를 뿌려 원문의 본질을 살리면서 유기성을 찾아 이해하고, 마지막으로 책을 꿀꺽 먹어치울 만큼 소화하는 것이 여우 아저씨가 책을 읽는 비결입니다. 이렇게 완벽하게 소화하는 경험이 쌓일 때 문해력도 늘어납니다.

　텍스트를 벗어나 자의적이거나 과장되게 해석한다면 자칫 조미료 덩어리가 되고 맙니다. 자신의 경험이나 지식에 의존하여 단어나 문장을 모호하게 해독하고 맥락만 이해하면 된다는 식의 독서가 오독이나 오류를 범하는 것과 같습니다. 단어나 문장, 즉 기호를 정확히 '해독'하는 것은 독서 교육의 초기 단계에서 매우 중요합니다. 그런 의미에서 '한 구절'을 잘 해독하는 습관은 문해력을 기르는 기본 자세라고 볼 수 있습니다. 원문의 본질을 지키고 전체의 맥락을 이해하는 첫 단추의 역할을 합니다. 첫 단추를 잘 끼웠을 때 다음 단추를 끼우기가 쉽습니다. 구절을 깊이 읽는 연습은 첫 단추를 잘 끼우는 연습을 하는 것과 같습니다. 충분히 연습이 되었을 때 새로운 지문을 접했을 때도 그 능력이 발휘될 것입니다.

　이 책을 통해 책 먹는 여우는 도대체 어떤 식으로 읽었기에 그토록 책을 좋아했는지 그 비결을 엿볼 수 있기를 바랍니다. 우리 아이들도 여우 아저씨처럼 책을 맛있게 먹기를 바라는 간절함으로 썼습니다. 여우 아저씨처럼 꼭꼭 씹는 법, 소금과 후추를 적당히 뿌리는 법, 그리고 곰곰이 생각하며 읽는 법을 보여 드릴게요. 먹어도 먹어도 여전히 배가 고픈 여우 아저씨처럼 책을 사랑하는 아이들이 많아지기를 꿈꾸며.

10분짜리 동영상도 아니고 1분짜리 쇼츠와 경쟁해야 하는 시대입니다. 아이들에게 책 한 권 읽히기가 쉽지 않지요. 그렇다면 "책 한 권 완독하자" 대신 "책 한 구절만 먹자"고 하면 어떨까요?

한 구절을 읽어도 상상하고 사랑하고 깨뜨리는 경험을 할 수 있다면 삶을 풍요롭게 할 만한 좋은 독서가 되니까요.

이 책은 동화 한 구절을 통해 인문학적 깊이의 독서를 하는 방법을 소개합니다. 도서는 초등 4학년부터 성인까지 누구에게나 감동을 줄 수 있는 스테디셀러 7권을 선정했습니다.

『동화 한 구절의 인문학』은 동화 한 구절이 인문학과 문해력 향상으로 이어지는 다양한 방법을 소개합니다. 또한 동화 한 구절이 아이들의 성장에 도움이 되는 좋은 재료가 될 수 있다는 것을 구체적으로 경험하도록 구성했습니다. 이를 통해서 자신이 좋아하는 '한 구절'을 찾고 '엄마가 시키는 독서'가 아니라 '스스로 우러난 독서'를 통해 주도권을 가지도록 하는 것을 목표로 합니다. 문해력은 덤이고요.

책을 통째로 읽어 줄거리와 주제를 알아야만 하는 것은 아닙니다. 그런 내용은 영상으로도 접할 수 있습니다. 독서를 통해 굵직한 정보나 지식 대신 나만의 소소한 기쁨부터 찾기를 바랍니다.

PART 3

올바른
아이로
키우는
한 구절

PART 1

학습에 도움이 되는
한 구절

갸웃갸웃

『사금파리 한 조각』에서 목이는 스승님과 경쟁하는 관계에
있는 강 영감님을 몰래 훔쳐봅니다. 그런데 강 영감님은 이제껏
보지 못했던 새로운 방법으로 도자기를 만들고 있었습니다. 목
이는 강 영감님의 오두막을 빠져나오며 고개를 갸웃거립니다.

목이가 고개를 갸웃거린 것은 강 영감님을 몰래 지켜보느라
뻣뻣해진 목 근육을 풀기 위해서이기도 했지만, 강 영감님이 도

자기를 만드는 방법이 궁금했기 때문이에요. '갸웃갸웃'이라는 한 단어로 두 가지 의미를 전달하고 있는 것이지요. 이런 것을 '중의'라고 합니다.

시나 노랫말, 문학 작품에서 중의적 표현은 여러 가지 메시지를 동시에 담아내기도 하고, 강렬하게 전달하기도 합니다. 에픽하이의 〈돈 헤이트 미Don't hate me〉라는 곡을 살펴볼까요?

> 1등, 2등, 3, 4등 없는 게 꿈이니까. 숫자 빼면 다 어둠을 밝힐 '등'이니까.

등수의 '등'과 전등의 '등'을 연결하여 숫자로 사람의 가치를 매기는 현상을 풍자하고 있습니다. 이렇듯 다소 비판적인 주제라도 가볍고 흥미롭게 끌어낼 수 있는 방법이 중의입니다.

구독자가 200만이 넘는 어느 요리 채널의 운영자를 살펴볼까요? 그는 맛있는 요리 만드는 법을 쉽고 재미있게 설명하기로 유명한데, "어디선가 마음을 다지고 온 다진 마늘 한 스푼을 넣어주세요"라는 식입니다. 마늘을 '다지는' 것과 마음을 굳게 '다진다'는 두 가지 의미를 재치 있게 표현함으로써 웃음을 자아내죠.

노래나 랩 가사에서도 중의적 표현이 자주 사용되는데, 라임이나 펀치라인으로 활용됩니다. 라임은 '운'을 맞추는 것이고, 펀치라인은 중의적 낱말을 통해 하고 싶은 말을 효과적으로 표현하는 것을 말합니다.

예술은 궁극적으로는 놀이입니다. 그리고 언어유희는 현실의 원칙을 뛰어넘는 자유로움을 추구하며, 유희를 통해 해학, 유머, 농담이나 풍자 등을 담습니다. 특히 동음이의어 기법은 소리의 유사성을 바탕으로 웃음을 유발하는 데 효과적입니다.

한편 언어유희는 언어에 대한 흥미를 부여하고 편안한 분위기를 조성하여 학습에도 긍정적인 영향을 줍니다. 아이들의 불안감을 줄여주고 즐거운 환경을 조성하여 수업 참여도를 높여주기도 하지요.

세끄레따리오, 꼴로네요, 사벨로또도

"가장 좋은 방법은 사벨로또도에게 상의하는 겁니다."
세끄레따리오가 의견을 제시했다.

— 『갈매기에게 나는 법을 가르쳐준 고양이』, 46쪽

소르바스, 세끄레따리오, 꼴레네요, 사벨로또도, 켕가.
『갈매기에게 나는 법을 가르쳐준 고양이』에 나오는 인물들의
이름입니다. 이 이야기를 쓴 작가는 루이스 세뿔베다인데, 에스
파냐어는 이렇듯 'ㄲ, ㄸ, ㅃ'과 같은 된소리가 많이 들리죠.
　작가가 태어난 칠레는 16세기 초부터 1818년까지 에스파냐
의 식민지였기에 에스파냐어를 씁니다. 에스파냐어를 모르는
독자라면 이 책을 읽으며 그 언어에 호기심을 가질 수도 있겠지

요. 어린이들이 접하는 동화 중에 에스파냐어가 원작인 작품이 많지는 않으니까요.

우리말도 '꿈, 꿀, 떡, 까까'처럼 쌍자음이 들어가면 귀엽고 장난스럽게 들립니다. 그래서 그런지 뽀로로, 까불이, 꾸러기처럼 아이들과 연관된 단어에 많이 쓰이죠.

한편 외국어에 대한 흥미를 끌어내는 요소는 발음이 아닐까 생각합니다. 우리 아이가 어릴 때 『노랑^{yellow}』이라는 영어 그림책을 보여줬는데, 노란 옷을 입고 노란 모자를 쓰고 노란 풍선을 들고 있는 그림이 실려 있었어요. 글자는 '노랑^{yellow}'이 전부였고요. 맘카페 엄마들이 이 책을 아이에게 어떻게 읽어주어야 할지 모르겠다며 고민하는 글이 올라오곤 할 정도였어요.

그때 저는 발음 자체를 다양하게 강조하며 아이의 흥미를 끌어냈습니다. "노랑, 노오랑, 옐로, 예엘로"라는 식이었지요. 다양한 음운과 음률의 변화로 발음의 즐거움을 느낄 수 있게 하되, 그 외에 따로 설명하진 않았어요. 그리고 그림과 글자를 아이가 혼자서 음미할 시간을 주었지요. 반복해서 읽어줄 때는 주변에 있는 노란색 사물들을 가리키며 짚어주기도 했어요.

요즘 K-POP이 전 세계적으로 유행입니다. 그런데 가사가 잘 안 들리기도 합니다. 그래서 노래 가사를 받아쓰는 예능이 있을 정도지요. 발음을 가지고 변화를 주면 다른 단어처럼 들리기도 하거든요. 이는 '딕션'의 효과인데, 발음 자체에 변화를 주어서 관심을 끄는 거예요. 이런 기법이 한국어를 모르는 외국인에게는 친근하게 전달된다고 합니다. 가사 내용은 몰라도 소리가 흥미롭게 들려서 이러한 호기심을 시작으로 한국어를 공부하게 된다고 하네요.

아이들은 청력이 발달해서 발음에 민감하게 반응합니다. 그래서 영어를 잘 모르더라도 『해리 포터』를 보며 영국식 발음을 따라 할 수도 있고, 일본 애니메이션을 보고 일본어를 흉내 내기도 합니다. 그래서 아이들은 발음이나 딕션의 매력에 빠져서 새로운 언어에 관심을 가지기도 하지요.

인터넷의 발달로 SNS나 미디어, 영상 등을 통해 각국의 문화를 쉽게 접할 수 있습니다. 먼 나라의 음식이나 음악, 드라마, 풍습 등도 마음만 먹으면 금방 찾을 수 있지요. 굳이 외국에 가지 않아도 외국의 문화를 접할 수 있어요. 하지만 언어, 즉 한 나라의 말을 배운다는 건 단순히 문화를 아는 것을 넘어서지요. 정서와 문화가 모두 언어에 녹아 있으니까요.

난남이와 암죽

"할머니, 난남이가 뭐여요?"
몽실이 물었다.
"난리통에 태어났으니 난남이지 뭐니? 아기 이름이야. 너희
아버지 오시면 좋은 이름 지어줄 테니 그때까지 그렇게 부르
자꾸나."
"난남이……."

－『몽실 언니』, 102쪽

우리 아이가 5학년 때 『몽실 언니』를 읽어주었는데, 유독 질
문이 많았습니다. 역사에 대한 관심이 한창 많을 때였기도 하고,
아이의 입장에서는 과거 사람들의 삶이 낯설어서 쉽게 이해가

가지 않은 모양이에요.

이 책은 1945년 광복 무렵부터 1950년에 일어난 한국전쟁 때까지, 전쟁과 가난으로 인해 배고픔, 설움과 아픔을 경험한 세대의 이야기입니다. 일제강점기, 전쟁, 보릿고개를 생생하게 그려내고 있지요. 우리 역사를 이야기로 전달해주는 만큼 더욱 생생하게 느낄 수 있습니다. 단편적인 역사 지식을 외우듯 배우는 것과는 달리 더 공감하게 되지요. 역사는 과거의 이야기이기도 하지만 미래와 현재로도 이어지는 만큼 지혜의 연결 고리가 깊어집니다.

우리 아이는 이 구절을 읽고는 "이름이 난남이라고?"라고 물으며 정색했습니다. 아이가 듣기에는 이름에 담긴 의미가 이상했던 거죠. 부모는 사랑과 축복을 염원하며 아이 이름을 짓잖아요. 그런데 단순히 전쟁 중에 태어났다고 해서 그런 이름을 지었다는 게 아이가 보기에도 안타까웠던 거예요.

"그러게. 전쟁 중에 태어났다고 '난남이'라고 불렀다니까, 참 안타깝지? 그런데 그 시절은 정말 혹독한 시대였어. 가난과 전쟁 때문에 아이들은 지금처럼 사랑과 축복을 받기가 어려웠거든."

이렇게 설명해주니, 우리 아이는 난남이가 처한 형편에 관심을 가지게 되었어요. 몽실이가 전쟁통에 난남이를 업고 젖동냥까지 하며 키우는 장면을 읽으며 그 시절을 조금은 이해하는 듯했어요. 상상도 할 수 없을 만큼 멀고 먼 남의 나라 이야기처럼 들리지만 사실은 주변에서 쉽게 마주치는 할머니들의 삶이 어떠했는지 새삼 느꼈던 거죠.

젖동냥은 아기가 있는 집에 가서 젖을 먹여달라고 부탁하는 것을 말해요. 그런데 다들 잘 먹지 못하던 시절이어서 남의 집 아이까지 젖을 먹여주기가 쉽지 않았을 거예요. 그래서 젖이 모자란 아기에게는 쌀을 잘게 부수어 끓인 암죽을 먹이기도 했어요. 암죽은 곡식이나 밤의 가루를 묽게 쑨 죽으로, 어린아이에게 젖 대신 먹였습니다.

그 시대에는 믹서기가 없어서 맷돌로 곡식을 갈기가 마뜩잖았을 겁니다. 시간도 오래 걸렸겠지요. 그래서 어른들이 쌀을 씹어서 끓여주기도 했다고 합니다. 『몽실 언니』에서도 할머니가 쌀을 씹어서 암죽을 끓이는 장면이 나와요. 우리 아이는 이 장면에서 비위가 상한다며 "우웩" 했습니다. 하지만 젖 한 모금 먹을 수 없는 난남이의 딱한 사정을 떠올리면 암죽이라도 먹어서 다행이라고 생각하게 됩니다.

몽실은 갓난아기를 안고 어떻게 할 줄을 몰랐다.

"할머니, 어떻게 해요? 이 아기는 아무것도 먹지도 입었어요."

장골 할머니한테 몽실은 애원하듯 말했다.

"에그, 불쌍한 것들……."

할머니는 아기를 받아 안았다.

(중략)

몽실은 달려가서 쌀을 가지고 왔다. 장골 할머니는 그 쌀을 입에 넣어 오래오래 꼭꼭 씹었다. 그리고는 씹은 쌀을 가지고 죽을 끓였다.

(중략)

아기는 먹을 것이 입으로 들어가자 힘이 나는지 신통하게 그것을 받아 삼키는 것이었다.

— 『몽실언니』, 102쪽

암죽이라는 단어의 사전적 의미만 가지고는 와닿지 않겠지만, 소설을 읽으면 암죽이 왜 만들어졌는지, 그렇게 만들어질 수밖에 없는 사정까지 모두 알 수 있어요. 역사서나 사전에서 보는 것보다 훨씬 생생하지요.

할머니와 무슨 얘기를 나눠야 할지 모르는 아이들이 이 소설을 읽으면 옹배기, 뚜깔나물, 칫동아리나물, 암죽 등등, 할 얘기가 어마어마해진답니다. 어릴 때부터 좋아했던 캐릭터를 떠올리면 기분이 좋아지듯, 할머니도 아이처럼 신나 할지도 모릅니다.

개울가 아마존

나는 잡초가 무성한 개울가로 갔다. 그리고 흐르는 구정물
을 바라보았다.
"지난번에 우리가 저 강을 뭐라고 부르기로 했지?"
"아마존."
"그래, 맞다, 아마존. 저 강 하류엔 사나운 인디언을 잔뜩 태
운 배들이 분명히 있을 거야. 안 그러니, 밍기뉴?"

― 『나의 라임오렌지 나무』, 93쪽

제제는 잡초가 무성한 개울가의 구정물을 아마존이라고 부르
기로 합니다. 인디언을 태운 배들이 떠 있다고 상상하고요. 이런
상상은 일상을 지루하지 않게 하죠. 또 이 작은 개울을 아마존

이라고 상상하는 순간 구정물도 멋있어 보입니다.

제가 어릴 때 등하굣길이 무척 멀었습니다. 어린이의 짧은 보폭으로 왕복 2시간은 걸리는 거리였지요. 버스가 다니는 길이 아니라서 걸어서 통학해야 했어요. 그런 길을 걸어서 유치원 1년, 초등학교 6년, 중학교 3년을 다녔어요.

학교 가는 길은 무척 힘들었습니다. 더위나 추위는 물론이고, 목이 마르거나 화장실에 가고 싶어도 참아야 했거든요. 그때 그 먼 길을 걸어다니면서 많은 상상을 했어요. 한여름이면 뙤약볕을 막아줄 가로수가 늘어선 풍경을 상상하고, 어느 날부턴가 버스가 다닌다면 노선이 어떻게 될지 떠올려보기도 하고, 오르막길을 걸을 땐 무빙워크가 있으면 좋겠다고도 생각했지요.

상상 속에서는 농촌 마을이 최첨단 도시로 거듭났어요. 그런 상상을 하다 보면 더위도, 추위도 잊곤 했지요. 지금 생각해보면 아이디어가 샘솟는 시간이었어요. 성냥팔이 소녀가 성냥불을 켜서 따뜻한 집과 맛있는 음식을 상상하며 추위를 이겨내려 했던 것처럼요.

아인슈타인의 상대성 이론, 뉴턴의 만유인력, 다윈의 진화론 같은 위대한 과학도 모두 과학자들의 상상력에서 시작되었습니다. 아인슈타인은 '빛의 속도로 달릴 수 있다면?'이라는 상상을 바탕으로 실험했습니다. 뉴턴은 연구 공책에 "플라톤은 나의 친구다. 아리스토텔레스는 나의 친구다"라고 써놓았다고 합니다. 아마도 뉴턴은 고대 그리스의 학자들과 상상 속에서 친구처럼 이야기를 나눴겠지요.

이렇듯 아인슈타인과 같은 천재적인 과학자와 친구가 되는 상상, 투명 인간이 되는 상상, 해리 포터와 같이 호그와트를 다니는 학생이 되어보는 상상이 세상을 바꾸는 아이디어로 연결되기도 합니다. 그래서 아인슈타인은 "지식은 갇혀 있지만 상상력은 천지를 날아다닌다"고 말했지요. 상상을 확장하여 글을 쓰면 작가가 되고, 과학을 연구하면 과학자가 됩니다.

상상력이라고 하면 『빨간 머리 앤』을 빼놓을 수 없습니다. 풍부한 상상력은 무미건조한 일상을 밝게 만들어줍니다. 마릴라 아주머니가 튼튼하고 실용적인 옷을 만들어주자, 앤은 '레이스 주름에 부풀린 3단 소매'를 상상합니다. 작가인 몽고메리 앤도 상상을 통해 외로움을 달랬다고 합니다. 상상력은 경험한 것을 떠올리는 게 아니라 경험하지 못했거나 바라는 것을 떠올리게 해서 일상에 활력과 즐거움을 더해줍니다.

한 걸음, 한 걸음

"한꺼번에 도로 전체를 생각해서는 안 돼. 알겠니? 다음에 딛게 될 걸음, 다음에 쉬게 될 호흡, 다음에 하게 될 비질만 생각해야 하는 거야. 계속해서 바로 다음 일만 생각해야 하는 거야."

— 『모모』, 51쪽

베포 아저씨는 청소부입니다. 걷기도 힘든 긴 도로를 매일 비질하는 일을 합니다. 베포 아저씨는 한번에 도로 전체를 떠올리면 곧 지치므로, 다음에 내디딜 한 걸음, 한 걸음만 생각하라고 합니다. "자! 초록 신호등이 바뀔 때까지 여기서 여기까지 쓸자! 저 꼬마가 자전거를 타고 내 곁을 지나갈 때까지 나는 여기까지 쓸어보자!" 이렇듯 조금씩 하다 보면 어느 순간 오늘 해야 할 청소를 다 끝낼 수 있습니다.

마찬가지로 "오늘 이 책을 다 읽어야지!"라고 마음먹으면 책을 펼치기도 전에 질릴 겁니다. "오늘은 30쪽만 읽어야지"라든가 "30분만 읽자"는 식으로 조금씩 해나가면 지치지 않고 한 권을 다 읽을 수 있습니다. 시험공부도 운동도, 한번에 많이 하려면 힘듭니다. 마음이 급하니까 압박감도 커집니다. 빨리 끝내고 싶은 마음을 몸이 못 따라가면 괴롭겠지요. 그러니까 계획을 짤 때부터 빨리 끝내려고 무리해서 일정을 짜면 결국 스트레스만 받고 포기할 것입니다. 할 일이 아무리 많아도 조금씩 해야 지치지 않습니다. 베포 아저씨가 한 걸음씩 내딛듯이, 지금, 현재에만 집중해보세요.

학교에 가는 날에는 늦잠을 자다가도, 주말만 되면 새벽같이 일어납니다. 평일에는 학교에도 가야 하고 학원도 가야 하고 숙제도 해야 해서 바쁜데도 하루 내내 해야 할 일을 떠올리면 일어나기가 싫습니다. 하지만 주말에는 특별히 할 일이 없습니다. 할 일이 있다고 해도 시간이 넉넉하니까 쉬엄쉬엄 하면 되지요. 그러니까 새벽같이 눈이 떠집니다. 그러니까 평일에도 당장 할 일 하나씩만 생각해봅시다. 일어나면 이불을 개는 것만, 방문을 나서면 씻는 일만, 씻고 나면 밥 먹는 것만 생각하는 거죠.

중학생만 되어도 아이들은 책 읽을 시간이 없다며 책을 밀어 두지요. 그래서 저는 2주에 책 한 권을 읽게끔 14부분으로 나누어 포스트잇을 붙여놓고 날짜를 써둡니다. 아이들이 한걸음, 한 걸음씩만 끝내기를 바라면서요. 그렇게 한 권을 모두 읽으면 뿌듯해합니다. 하지만 한번에 읽으려고 미루다가는 책을 제대로 펴보지도 못하게 되지요.

저는 아침마다 30분 독서를 합니다. 알람을 설정하고 30분 동안 책을 읽습니다. "이번 주에 3권 읽어야지"라고 다짐하는 것보다 성과가 좋습니다. 그리고 할 일의 목록을 씁니다. 물 1리터 마시기, 초고 2편 쓰기 등 매일매일 해야 할 일을 적어두고 하나씩 해나가면 부담감이 덜해집니다.

시험 기간에 공부에 대해 스트레스만 느낄 뿐 책상 앞에는 앉지 않는 아이들, 지저분하고 정리되지 않은 방을 어떻게 치워야 할지 막막해하는 아이들에게는 베포 아저씨를 떠올려보게 하세요. 일단 5분만 책상에 앉기, 책꽂이 한 칸만 정리하기로 시작해보라고 말입니다.

고양이가 갈매기에게 알려주는 비행술

'좋았어. 다음은 3번과 4번 부분의 펼침 상태 점검.'

– 『갈매기에게 나는 법을 가르쳐준 고양이』, 120쪽

사벨로또도는 백과사전을 맹신합니다. 백과사전에는 과학적으로 검증된 지식이나 정보가 가득하니까요. 아기 갈매기에게 나는 법을 알려줄 때도 백과사전을 펼칩니다. 마침내 레오나르도 다빈치의 비행술이 있어서 나는 법을 알려줍니다. 그러면서 "마치 자신이 미 항공우주국NASA의 엔지니어"처럼 매우 중요한 인물이 된 것 같다고 생각합니다. 하지만 안타깝게도 '비행술'이라는 과학적 이론은 아기 갈매기가 나는 데는 도움이 되지 못합니다. 그 연습 이후로 아기 갈매기는 나는 것을 두렵다고 느끼

는 부작용까지 생겼습니다.

아기 갈매기가 날고 싶은 욕구를 느낀 건 높은 창공을 나는 다른 갈매기를 보면서입니다. 그래서 자신도 모르게 날개를 활짝 폅니다. 아기 갈매기에게 나는 것은 본능이기 때문입니다.

본능보다 과학이 더 우수한 것처럼 말하는 사람들도 있지만, 사실 본능의 정교함을 따라갈 수는 없습니다. 『본능의 과학』에서는 우리 삶의 95~99퍼센트는 본능이라는 무의식에 따라 이루어진다고 합니다. 인간의 의식은 1초에 120비트의 정보를 처리할 수 있습니다. 하지만 살아가면서 처리해야 할 정보가 너무 많기 때문에 무의식적으로 행동하곤 합니다. 인간은 본능과 무의식에 의존할 수밖에 없는 거죠.

본능은 직관과 연결되며 때로는 무수한 경험에 의해 내리는 결정이기 때문에 억압하기보다 존중해야 합니다. 아기 갈매기의 날기 본능은 생존을 위한 것입니다. 비행술이 본능에 의한 능력보다 뛰어나다고 말할 수는 없습니다. 아기 갈매기가 비행술 없이도 날 수 있듯이, 사람도 의식이나 논리가 아니라 본능이나 직관적인 선택이 더 나을 때가 많습니다. 그러니까 본능을 잘 알고 제대로 사용하면 큰 도움이 되지요.

본능을 알아차리는 방법 중 하나가 '끌림'입니다. 내가 끌리는 것, 좋아하는 것, 잘하는 것 등에 집중하는 것이지요. 예를 들면 다른 친구들이 좋다고 하는 친구를 찾는 것이 아니라 내가 끌리는 친구를 찾는 것이 본능입니다. 내가 끌리는 친구를 찾아보세요. 진짜 원하는 친구를 찾는 거죠. 끌린다는 것은 내가 원하는 것이라는 말입니다.

인간은 태어나서 어느 정도 자라면 혼자 걸으려 애씁니다. 걷는 것도 본능입니다. 억지로 '걷기 이론'을 만들어 적용할 필요는 없습니다. 인간은 때가 되면 걷고 달리니까요. 그게 본능이고요. 그러니까 일이 잘 풀리지 않으면 눈을 감고 자신의 본능을 들여다보세요. 인간은 날지 못하지만 날고 싶은 욕구가 있어요. 그것도 본능이겠지요. 본능의 간절함이 비행술에 대한 연구로 이어지는 것이고요.

아기 갈매기가 본능을 무시하고 비행술에만 의존할 때는 날 수 없었듯이, 때로는 의식이나 논리로 성취하려 하기보다는 본능과 직관에 따르는 것도 필요합니다. 다른 사람의 조언을 들을 필요도 있지만, 자신이 무엇을 진짜 원하는지 아는 것은 정말 중요합니다. 그리고 과학이나 지식이 자신의 선택보다 늘 옳다거나 절대적이지는 않습니다.

사람은 갈매기처럼 날 수 있는 본능은 없지만 인간만이 가진 본능이 있어요. 지식과 이성적인 근거가 중요한 만큼 본능도 존중해야 합니다. 때로는 직관을 따라가보세요. 미처 몰랐던 본능을 발견할지도 모르니까요. 그 본능이 곧 재능과 적성일 수도 있고요.

엄마, 공비가 뭐야?

"공비란 게 뭐야?"

"빨갱이들이야. 빨갱이들이 숨어서 도둑질하러 오는 거지."

"빨갱이는 어디서 왔니? 미국 사람이니, 소련 사람이니?"

"미국 사람도 소련 사람도 아니야."

– 『몽실 언니』, 61쪽

우리 아이가 5학년 때 역사나 다윈의 진화론, 창조론 등 다양한 분야에 걸쳐 지적 호기심이 가득했습니다. 그즈음 학습 만화책과 '해리 포터' 시리즈 같은 판타지 소설에 빠져 있어서 한창지식을 확장하던 때였지요. 그 시절 읽은 『몽실 언니』에는 무장공비에 관한 이야기가 나옵니다. '공산당 비적'의 줄임말인 공비는 빨갱이, 도적처럼 '공산당의 유격대'를 뜻합니다. 아이는 책을 읽다 말고 공비에 대해 자신만의 논리로 저에게 한참 설명해주기도 했습니다.

만약 아이 혼자서 책을 읽었다면 아이와 논의할 기회가 없었을 테고, 저는 우리 아이가 그렇게나 많은 지식을 알고 있는지도 몰랐을 겁니다. 그래서 논리적으로 앞뒤가 맞지 않아도 끝까지 들었습니다.

어쩌면 엄마이고 어른인데도 아이보다 역사적인 지식이 없는 것을 아이에게 들키기 싫을 수도 있습니다. 하지만 "아, 그렇구나! 그건 왜 그런 건데?"라고 물으면, 아이는 선생님이 되어 설명해줄 거예요. 엄마가 아이보다 많이 알아야 된다는 법은 없습니다. 꼭 아이에게 가르쳐주기만 해야 하는 것도 아니고요. 오히려 아이는 엄마에게 설명하면서 자신감을 얻을지도 모릅니다.

인터넷만 찾아봐도 수많은 정보와 지식이 쏟아집니다. 그러니 지식을 알고 모르는 것으로 상대방을 폄하하거나 잘난 척할 수 있는 시대가 아니라는 거죠. 내가 아는 지식을 기분 좋게 나누고 받아들이는 과정의 관계성이 훨씬 중요한 시대입니다. 이는 태도의 문제라, 단기간에 이루어지지 않습니다. 상대방의 반응에 따라 완급을 조절하고, 상대방의 말을 수용할 줄 아는 소통 능력이 곧 능력입니다. 엄마가 그런 모습을 먼저 보여주세요.

아이는 아는 지식을 뽐내고 싶어 합니다. 그럴 때 충분히 들어주면 아이의 갈증은 해소됩니다. 그럴 때 사람은 겸손해야 한다며 지적할 필요는 없습니다. 아이들도 잘 알고 있습니다. 다만 엄마 앞이니까 마음껏 잘난 척도 하는 거지요.

아이와 함께 책을 읽다 보면 아이가 얼마나 성장했는지 알 수 있어요. 아이의 이야기를 들어주세요. 학교에서 무슨 일이 있었는지, 학업 수준이 어느 정도인지, 아이의 고민이 무엇인지 구체적으로 묻지 않아도 대화하다 보면 알아차릴 수 있어요.

눈, 코, 귀, 발

야생 들쥐 떼가 있는 곳을 어떻게 알았니?

"코."

풀숲 아래 납작 엎드리고 있다가 거위가 날아오를 때 확 풀어버리는 황금 깃털! 어떻게 그렇게 해?

"눈!"

"저기 커다란 바위에서 세어서 오른쪽에서 여섯 번째, 병들었어."

"어떻게 알아?"

"귀!"

"잘 들어보면 숨을 잘 못 쉬지."

— 『늑대의 눈』, 46~48쪽

'황금 깃털'이라는 늑대는 다재다능합니다. 사냥을 아주 잘하지요. 재능은 타고나는 걸까요? 황금 깃털을 보면 그렇지 않습니다. 타고난 사냥꾼은 아니지만 눈으로 자세히 보고, 코로 어떤 냄새가 나는지 맡고, 귀를 기울여 주변을 살필 줄 알지요. 이렇듯 자세히 살펴보는 것을 '관찰'이라고 합니다.

우리 아이가 글을 모르는 4살 때쯤, 『작은 집』이라는 책을 읽어주었어요. 아이는 이야기에 귀를 기울이면서 그림을 자세하게 보는 것을 좋아했어요. 집이 주인공이라는 사실을 알고는 손가락으로 집에 붙은 눈, 코, 입, 머리카락을 가리켰어요. 집을 사람이라고 여긴 거예요. 그리고 한참 생각하다가 굴뚝은 '모자'라고 불렀습니다. 두 가닥 연기가 마법사의 모자를 연상시켰나 봐요.

게다가 이야기를 열심히 듣더니 주인공인 '작은 집'의 마음이 사람처럼 자꾸 변하는 걸 깨달았어요. 그림을 유심히 보던 아이는 작은 집의 표정이 변하는 것도 보았습니다. 그리고 웃거나 슬퍼하는 표정이 그려진 그림을 보고 공감했어요. 귀로 듣고 눈으로 살펴본 아이는 또 하나의 그림을 완성했습니다.

가끔 아이처럼 쪼그리고 앉아서 땅바닥을 들여다본다거나.

허공을 물끄러미 바라보고 있는 박제가를 볼 때가 있다. 그의
눈길을 좇아가보면, 땅 위를 꼬물꼬물 기어다니는 벌레나 나
뭇잎 사이에 걸린 거미줄에 닿곤 했다. 내가 옆에 있는 것을
문득 깨달은 박제가는 겸연쩍게 웃으며 이렇게 말했다.
"어제는 저 거미줄만 보았을 뿐, 거미의 꽁무니에서 실이 나
오는 것은 미처 보지 못하였습니다. 거미는 어제도 오늘도 부
지런히 일을 하고 있었을 텐데요. 그리고 보면 참 신기합니다.
제가 마음을 기울여 들여다보면 볼수록, 모든 사물은 제 모습
을 더 세밀하게 보여주니까요."

— 『책만 보는 바보』, 75쪽

박제가는 조선시대에 유명한 실학자였습니다. 시, 그림, 글씨
에 뛰어난 천재였는데, 타고난 재능 못지않게 관찰력도 뛰어난
사람이었던 것 같습니다. 어른이 되어서도 쪼그리고 앉아서 벌
레나 거미줄을 유심히 관찰했고, 거미 꽁무니에서 나오는 거미
줄을 상상하며 사물의 이치를 생각합니다. 이렇듯 관심을 가지
고 깊이 관찰하다 보면 재능이 되고 능력이 됩니다.

만약 요리사가 꿈인 아이라면 "엄마, 김치볶음밥에 치즈가 들
어가니까 부드럽게 느껴져"라든가 "김치를 씻어서 넣으니까 담

백한 맛이야"라는 식으로 음식을 관찰할 겁니다. 곤충학자가 되고 싶다면 박제가처럼 곤충을 관찰하고요. 황금 깃털이 타고난 사냥꾼이기보다는 관찰을 통해 누구보다 뛰어난 실력자가 된 것처럼요. 그러니까 우선 할 일은 관찰입니다. 찬찬히 사물이나 현상을 바라보고 발전시키면 그게 바로 실력자가 아닐까요?

농사짓기

— 『비밀의 숲, 테라비시아』, 66쪽

이 책에서 주인공의 부모님이 인생에서 중요한 무엇을 찾기 위해 농장에서 지낸다는 말이 인상적이었습니다. 인생에서 중요한 무엇을 찾기 위해 다람쥐 쳇바퀴처럼 도는 일상을 인위적으로 멈추는 일은 흔하지 않기 때문이지요. 하지만 지금까지 살아온 방식에 대해 한 번쯤 질문하고 다시 방향성을 찾기 위해서는 꼭 필요한 시간이기도 합니다. 돈과 성공만 좇다 보면 다른 중요한 가치들을 놓칠 수 있으니까요.

저는 이 구절을 읽고 동네에 있는 '쉼표 치킨'이라는 가게를 떠올렸어요. '쉼표'는 멈추고 쉬어가라는 표시지요. 바쁜 일상에 치킨을 먹으며 휴식을 가지자는 의미가 아닐까요?

> 일주일에 한두 번쯤 산책을 하도록 하려무나. 산책이란 꼭 필요할뿐더러 기적을 일으키기도 하거든. 날씨가 좋은 날에는 책을 들고 밖으로 나갈 수도 있지. 신선한 공기를 쐬며 공부한 다는 것이 얼마나 손쉽고 즐거운 일인지, 머지않아 알게 될 거 야.
>
> — 『수레바퀴 아래서』, 14쪽.

헤르만 헤세의 『수레바퀴 아래서』에서 주인공 한스 기벤라트는 온 마을 사람들의 기대를 한 몸에 받는 영리한 학생입니다. 한스의 아버지가 신학교 입학을 앞둔 시기에 공부만 하는 아들에게 산책을 권유하는 장면입니다. 아버지뿐만 아니라 엄격한 교장 선생님도 시험 전날에는 산책해야 한다고 말합니다. 저는 이 부분을 읽으며 문화적인 충격을 느꼈습니다..

제목을 통해 알 수 있듯이 주입식 교육과 가혹한 학교 규율을 강조하던 당시의 독일 교육을 비판하는 내용을 담고 있습니다. 그런데도 어른들은 주인공에게 산책하기를 권유하며 정신적인 여유를 잃지 않기를 권하지요. 우리나라는 공부를 잘할수록 더 열심히 공부하라고 독려하는 문화가 있어서 비교되었어요. 이 소설은 1906년 작이라 100년도 더 된 이야기입니다. 100년이 지나고도 아이들에게 휴식과 산책을 권할 만한 여유가 없다는 사실이 씁쓸하게 다가왔습니다.

그림을 그리거나 평소 좋아하는 운동을 하는 것도 좋고, 친구와 수다를 떨거나 산책을 하며 잠시 일상을 비우면 좋겠습니다. 아니면 침대에 누워 천장 벽지에 있는 별이 몇 개인지 세어봐도 괜찮아요. 그렇게 휴식을 취하다 보면 내가 중요하게 생각하는 가치는 무엇인지, 어떤 삶을 살고 싶은지 떠오릅니다. 그렇게 중요한 가치를 찾다 보면 공부와 시험이 목표가 아닌 과정이라는 사실을 깨닫게 될 거예요.

PART 2

창의성과
이해력을 높이는
한 구절

_____

고등어 아가미 같은 훌륭한 생각이군!

"고등어 아가미 같은 훌륭한 생각이군!"

『갈매기에게 나는 법을 가르쳐준 고양이』, 109쪽

바를로벤또는 바다 고양이로, 배를 타고 선원들과 바다를 청소하러 다닙니다. 여기저기 돌아다니는 만큼 경험이 많지요. 항구에 머무를 때는 동네 고양이들 앞에서 바다 이야기를 들려주기를 좋아하는 이야기꾼입니다.

바를로벤또는 특유의 몸짓과 말투로 자신의 성격을 드러내곤 합니다. '몸을 흔들거리며' 걷거나 '당당하게 호령'하듯이 말합니다. 자신감이 넘치고 목소리도 우렁찹니다. 또한 바를로벤또의 표현은 생생하고 활기가 넘칩니다.

바를로벤또는 친구들 의견에 동의할 때 이렇게 말합니다. '고등어 아가미'같이 훌륭하다고요. 고등어 아가미가 훌륭하다니, 의아한 생각이 듭니다. 몸뚱이가 잘려 나간 고등어 머리와 아가미를 상상하면 징그럽고 비릿하기만 하니까요.

그렇다면 바를로벤또는 단순히 기발한 표현을 하고 싶었던 걸까요? 하지만 이 말을 한 바를로벤또가 고양이라는 사실을 떠올려보면 이는 당연한 이야기입니다. 고양이에게는 고등어 아가미가 최고의 별미니까요. 마치 우리가 "양념치킨 같은 훌륭한 생각이군!"이라고 말하는 것과 같아요. 이 글을 쓴 작가는 완벽하게 고양이의 입장에서 고양이의 시선과 욕구를 포착해낸 것이죠.

다시 말해 작가의 예리한 시선으로 '고양이'라는 타자의 욕구를 찾아내고 '고등어 아가미'라는 참신한 비유를 활용해서 표현했다는 점에서 감탄을 자아냅니다. 문장을 곱씹고 사유할수록 의미 있는 훌륭한 문장입니다.

타자의 욕구를 찾아내는 것은 단순히 타자를 이해하는 것이 아닙니다. 타자를 이해한다는 것은 "그래, 네 입장에서는 그럴 수 있겠다"는 정도의 피상적 이해입니다. 그야말로 타자의 시선이죠. 하지만 타자의 욕구를 찾아내려면 자신을 오롯이 타자에

이입시켜야 합니다. 진정으로 그 인물의 입장에 서보려 노력해야 하지요. 주체적인 입장에서 본질적으로 이해한다는 측면에서 그 배려의 깊이가 다릅니다. 이 한 구절에서 진정한 타인이 되어보는 경험을 할 수 있지요.

"탕후루만큼 훌륭한 생각이군!"과 같은 표현이 일상에서 오간다면 대화가 훨씬 생동감 있고 재미있겠지요. '고등어 아가미' 만큼이나 참신한 비유입니다. 바를로벤또가 한 말 중에는 "바닷장어가 방전하는 것만큼이나 당연한 말씀!"이라는 표현도 있어요. 전기뱀장어는 최고 800볼트의 전기를 방출할 수 있다고 합니다. 사람도 기절시킬 만큼 센 전기로 먹이를 기절시켜 잡습니다. 그런데 한번 전기를 방출하면 한동안 방전되어 다시 충전되기까지 기다려야 합니다. 그러니까 장어는 먹이를 잡을 땐 무조건 방전되지요. 사람도 공부나 일을 열심히 하고 나면 방전되는 것처럼요.

바를로벤또는 자신이 가장 잘 아는 것을 재미있고 참신한 말로 풀어냅니다. 톡톡 튀는 말은 일상을 생기 있게 북돋아주지요.

이처럼 무언가에 빗대어서 말하는 것을 비유라고 합니다. 어느 무더운 여름날, 우리 아이를 데리러 학교 앞에 간 적이 있습니다. 그날은 34도까지 올라 너무 더웠어요. 지친 아이를 데리고 편의점에 가서 아이스크림으로 더위를 달랜 후 길로 나왔습니다. 아이는 시원한 편의점에 있다가 나오자 "아이스크림처럼 녹아내릴 날씨야!"라고 하는 겁니다. 아이스크림이 녹아내리는 모습을 보고 더위에 몸이 녹아내리는 것을 연상해낸 것이죠. 지금 생각해도 새롭고 산뜻합니다. 저 말을 하는 동안은 잠시 시원해지는 듯했어요.

이렇듯 비유를 더하면 일상이 조금 더 활기차고 웃음이 늘어날 겁니다. 그리고 책에는 생생하고 참신한 비유가 넘치고요.

늑대의 푸른 빛과 금빛

– 『늑대의 눈』, 10쪽

소년이나 늑대의 입장이 되어 천천히 상상하며 읽어보세요.
어떤 감정이나 기분이 느껴지나요?

먼저 '차가운 공기'와 '하얀 김'이라는 말로 추운 날씨를 짐작
할 수 있습니다. 우리에는 '잿빛 바위'와 '죽은 나무'가 있어요.
'잿빛'과 '죽은'이라는 수식어가 어둡고 가라앉은 분위기를 자아
냅니다. 그런 우리 안을 늑대가 빙빙 돌고 있습니다. 그리고 밖

에서 가만히 지켜보는 소년이 있습니다.

늑대 우리의 안과 밖은 대립되는 것 같습니다. 공기가 사뭇 다릅니다. 늑대가 빙글빙글 도는 것은 긴장해서 경계하는 행동 이지만, 소년은 '고른 숨'을 쉬는 것이 안정적인 듯합니다. 소년 과 늑대의 심리 상태가 서로 다른 것이지요.

이처럼 그림을 그리듯이 장면을 보여주는 것을 '묘사'라고 합 니다. 색깔이나 분위기도 보이고 심리 상태도 그려내는 것이죠. 단 두 줄의 문장이지만 그 장면에 완전히 스며들 것 같습니다.

아침, 살짝 차가운 공기.
간색 벽돌로 된 바닥.
키다란 벚꽃 나무 한 그루.
하늘을 뒤덮은 분홍 꽃잎들.

집 앞 골목길에 어떤 나무가 있고 어떤 집이 있는지 살펴본 적이 있나요? 그때 느낀 공기를 그림으로 표현할 수 있나요? 그 림이 시각적으로 완벽하게 묘사하는 것이라면, 문학은 시각은 물론이고 후각과 촉각까지도 섬세하게 표현할 수 있는 예술이 아닐까 싶어요. 문학의 표현은 직접적이거나 설명적이라기보다는 묘사를 통해 본질을 생생하게 느끼게 해줍니다.

매일 내가 다니는 길을 글로 그려보세요. 안 보이던 것이 보이고, 보이던 것은 더 자세히 들여다보일 거예요. 계절과 시간에 따라 달라지는 풍경을 섬세하게 묘사하다 보면 마음과 정서가 풍요로워집니다.

혼자 걷더라도 길이 더 이상 외롭게 느껴지지 않을 거예요. 나무와 꽃과 구름, 때로는 인공물인 보도블록까지 차츰 자연에 가까워지는 과정을 느낄 수 있습니다. 일상의 작은 변화와 성장, 퇴색을 알아차리면 전혀 지루하지 않습니다.

"이제 그늘은 넓 밑 하늘에 떠올라 새처럼 서늘해졌으며, 바람은 그위의 뜻처럼 점점 더 커지고, 점점 더 높아지고 있었다. 그늘의 가운데 자리에는 지금 차츰 더 깊어 보이는 노을 새, 그늘 밑서를 에워싸고 있는 노조리개의 황갈색 부분에 떠서 있는 더 새로운 빛깔의 작은 얼룩들. 굽고벗 하늘 아래 어 이붉은 불빛 같은 주근빛 얼룩, 황금 샛노라며 반짝거리는 금빛 얼룩."

- 『늑대의 눈』, 23쪽

『늑대의 눈』에서 늑대의 눈을 묘사한 것을 보면, 눈 - 눈동자 - 눈조리개 - 작은 얼룩의 순으로, 현미경이나 카메라로 늑대의 눈을 확대하며 들여다보듯 점점 깊숙한 곳으로 초점이 맞추어집니다. 검은색 눈동자와 황갈색 눈조리개, 눈조리개에 퍼져 있는 얼룩에서 찾은 푸른빛과 금빛이 신비롭고도 영롱합니다.

이 구절을 읽은 사람은 '늑대의 눈'을 볼 때 읽지 않은 사람과 다르게 느낄 거예요. 늑대뿐만 아니라 사물의 겉만 보는 사람과 사물을 깊숙이 들여다보는 사람은 생각과 느낌에서 많은 차이가 납니다. 눈에 보이는 게 전부가 아니라는 것을 실감합니다. 이런 구절을 읽으면 보이지 않는 부분까지 보게 되고, 동물원에서 늑대를 보면 그냥 지나치지 않겠지요.

늑대가 편안하게 누워 있구나!
동물원 공기가 따뜻하구나!
벚꽃이 우리 안으로 날리니 꽃비가 내리는 것 같아.
늑대의 푸른빛과 금빛의 신비로움을 보고 싶다.

이렇듯 다채로운 빛깔을 지닌 늑대의 눈을 보듯, 무엇이든 다채롭게 바라볼 수 있습니다. 『자산어보』는 정약전이 흑산도에 유배하던 동안에 쓴 해양생물에 대한 서적으로, 해양 동식물의 이름, 모양, 습성, 쓰임새, 크기를 자세히 기록하고 있습니다. 이 책을 완성한 일등 공신은 '창대'라는 인물인데, 창대는 책은 몇 권 읽지 않았지만 사물을 깊이 들여다볼 줄 알았습니다. 그래서 정약전 같은 학자도 창대가 물고기 이야기를 하면 가만히 고개를 끄덕였지요.

관찰은 다채로움을 선사합니다. 마치 예쁜 옷을 입는 것과 같습니다. 옷은 추위와 더위를 막아주는 기능을 하지만, 예쁜 옷을 입을 때는 기분이 좋아지고 그날의 일상이 더 완벽해지는 것 같은 기쁨도 느껴지지요. 맛있는 음식을 먹을 때도 마찬가지죠. 음식은 생존을 위해 먹는 것이지만, 맛도 있고 시각적으로도 아름답게 세팅된 음식을 먹으면 왠지 기분이 좋아집니다.

관찰도 그런 게 아닐까요? 쫀득쫀득한 맛은 입을 즐겁게 하고 알록달록한 색깔은 눈을 즐겁게 하듯이, 깊이 있는 관찰은 일상을 더 의미 있고 풍요롭게 만들어줍니다.

누르스름하고 이상한 눈

누르스름하고 이상한 눈(눈)

– 『늑대의 눈』, 76쪽

늑대는 알래스카에서 태어나 자랐습니다. 그래서 모래를 본 적이 없으니, '누르스름하고 이상한 눈'이라고 생각합니다. 자신이 경험한 것 중에 가장 비슷한 것을 찾아내어 빗댄 것이죠. 사람들은 대개 자신의 경험을 바탕으로 사물을 유추하는데, 눈을 본 적 없는 늑대에게는 모래에 가장 가까운 것이 눈이었습니다.

늑대는 호기심이 가득해서 모래를 살펴봅니다. 눈을 동그랗게 뜨고 모래가 얼마나 곱고 부드러운지, 눈처럼 발이 푹푹 들어가는지, 남들과는 달리 모래의 이면을 관찰합니다.

경험은 때로는 호기심을 떨어뜨리기도 합니다. 사막을 매일 걷는 상인처럼요. 상인들에게는 모래는 지긋지긋한 것입니다. 모래에는 관심도 없을뿐더러, 걷기 힘들어서 늘 투덜거릴 것 같아요.

매일 사막을 보는 상인보다 사막을 처음 보는 늑대가 더 유심히 관찰합니다. 경험은 때로는 증폭제가 되기도 하지만 무관심의 대상으로 만들어버리기도 하는 것이죠. 상인들은 '사막=눈(雪)'이라는 생각을 한 번도 해본 적이 없을 듯하네요.

최근에 러시아의 캄차카반도에서 화산이 분출되고 있다는 뉴스를 봤습니다. 캄차카반도는 북쪽 지방이라 눈이 쌓여 있는데 그 위를 화산재가 덮어버렸어요. 그 뉴스를 접하며『늑대의 눈』을 떠올렸어요.

진짜로 '누르스름하고 이상한 눈'이 나타났다!

『늑대의 눈』에서 주인공 소년은 양을 치는데, 사막에서의 경험을 살려서 양을 잘 지켜냅니다. 발소리를 내지 않는 치타조차 소년에게는 들키고 맙니다. 치타가 어떻게 알았는지 묻자, 소년은 사막은 '오로지 침묵'뿐이어서 귀가 예민해진다고 말합니다.

어깨 위에서 벼룩 두 마리가 싸우는 소리가 들릴 만큼요.

이처럼 다양하게 경험을 많이 하면 여기저기 잘 활용할 수 있습니다. 그런데 경험이 없어도 늑대가 모래를 눈으로 상상하듯 새로운 것에 대한 호기심이 생기면 관찰해서 더 많은 것을 알아낼 수 있어요. 그러니까 경험이 많다고 좋고, 적다고 나쁜 것은 아닙니다. 다만 사막의 상인이 모래가 지긋지긋하다고 불평하듯 경험을 독으로 만드는 건 안타까워요.

마치 여섯 마리 눈먼 쥐가 코끼리와 마주친 이야기와 같습니다. 어떤 쥐는 코끼리가 밧줄 같다고 말하고, 어떤 쥐는 부채 같다고 말합니다. 누구의 말이 맞을까요? 모두 틀린 것도, 모두 맞는 것도 아니에요. 코끼리의 귀는 부채 같고, 코끼리의 코는 밧줄 같으니까요. 이렇듯 코끼리를 눈으로 본 사람들이 알려주면 눈먼 쥐는 "세상에! 그렇게 큰 동물이 있다고?" 하며 놀랄 겁니다. 그리고 쥐의 이야기를 들은 사람들은 "그렇게 생각할 수도 있구나!"라고 여길 테지요.

지긋지긋한 모래에 이야기를 만들면

소년의 이야기를 들은 사람들은 낙타 등에 올라타면 이제까지와는 다른 아프리카가 보이곤 했다. 모래가 부드럽게 느껴지고, 태양이 샘물처럼 여겨지면서 그들은 이제 외롭다고 느끼지 않았다.

— 『늑대의 눈』, 85쪽

우리 아이의 하루는 어떨까요? 눈뜨자마자 이부자리를 정리하고, 아침을 먹은 후 학교 갈 준비를 하겠지요. 학교에서는 수업을 듣고 급식도 먹을 테지요. 오후 수업까지 마치면 집에 돌아와, 간식을 먹고 또 학원에 갈 것 같네요. 학원을 마치면 집으로 돌아와서 휴식을 취하겠지요? 이렇듯 일상이 반복되면, 재미있는 날도 있지만 지루하고 따분한 날도 많습니다.

『늑대의 눈』에 나오는 상인들은 끝없이 펼쳐진 모래를 매일 걷다 보니 '지긋지긋'하다고 말합니다. 상인은 낙타에 물건을 싣고 사막을 건너야 합니다. 사막을 횡단하며 교역하는 상인들을 대상(隊商)이라고 하는데, 이들은 짧게는 한 달, 길게는 7개월씩 걸었다고 합니다. 온통 모래뿐인 사막 위를 매일 걷는다는 건 상상만 해도 '지긋지긋'할 것 같습니다.

모래 위의 태양은 너무 뜨거워서 채찍질하는 것 같습니다. 모래 언덕은 넘어도 넘어도 끝없이 반복되었고요. 발이 푹푹 빠지고, 밤이 되면 전갈도 나타났어요. 하루 종일 걷는 동안 견뎌야 하는 침묵과 외로움도 상인들이 감당해야 할 몫이었죠. 사막의 상인은 반복되는 시간을 견뎌내야만 했습니다.

『늑대의 눈』에서는 지글거리는 태양과 지긋지긋한 모래 위에서의 일과에 지친 상인들에게 주인공 소년이 이야기를 들려줍니다. 아프리카의 모래와 태양, 전갈과 외로움 등에 관해 재미있는 이야기를 만들어 전달합니다.

사막의 상인들은 소년의 이야기를 좋아합니다. 그런 이야기를 들은 상인들은 지긋지긋한 모래가 '부드럽게' 느껴지고, 지글거리던 뜨거운 태양이 '샘물처럼' 여겨졌습니다. 지루한 일상이 이야기를 통해 새롭게 바뀐 거예요. 상인들은 소년이 들려주는 이야기를 통해 일상의 지루함을 해소할 수 있었어요. 요즘 직장인들이 퇴근 후에 TV나 영상을 보거나 웹툰, 웹 소설을 읽는 것도 그래서지요.

상인이나 직장인처럼 만들어진 이야기를 즐기는 사람이 있는가 하면, 누군가는 소년처럼 이야기를 만들기도 하지요. 얼마 전 7살 아이와 함께 수업을 하는데, '안개'라는 낱말을 공부했습니다. 저는 "안개가 뭘까?" 하고 물었습니다. 그랬더니 7살짜리 아이가 그림을 그리며 이야기로 풀어주었습니다. 어린아이인데도 설명을 들으며 감탄하지 않을 수 없었어요.

"안개는 몽글몽글 물방울이 모여서 뿌예져서 앞이 잘 안 보이는 거예요. 어린이집에 가야 하는데 마트 쪽으로 잘못 가게 되기도 해요."

어린이는 상상력을 발휘하고 적절한 어휘를 사용하여 문장을 만듭니다. 이렇게 이야기를 만드는 것은 책을 읽는 것보다 더 능동적인 활동입니다. 누구에게나 듣고 경험한 것을 새롭게 각색하고 창조할 수 있는 능력이 있습니다. 이야기 꾸미기는 창의성과 사고력을 발달시켜주고, 이야기를 꾸미는 과정에서 상상력을 발휘하다 보면 사고가 더욱 확산되지요. 아이들에게 이야기 꾸미기 활동이 꼭 필요한 이유이기도 합니다.

닭장 속에 사는 표범과 사자

"뭐뭐까 형, 까만 표범이랑 사자 두 마리도 이리 데려올 거
지?"

— 『나의 라임오렌지 나무』, 19쪽

제제는 닭장이 있는 마당을 동물원으로 상상하며 동생 루이
스와 '동물원 놀이'를 합니다. 표범과 사자는 사실 제제의 집에
서 키우는 닭들이고요.

제제는 마당 구석구석을 잘 활용하여 동생과 동물원 놀이를
합니다. 우선 '입장권 사기'입니다. 제제는 5살까지는 돈을 안
내도 된다며 성인 입장권을 한 장만 달라고 해요. 어른 흉내를
내면서요. 동물원에 들어선 제제는 동생에게 새들을 소개합니
다. '알록달록한 앵무새'와 '무지갯빛 금강앵무새'라는 새입니

다. 이름도 참 잘 짓네요.

다음으로 '누런 아프리카 암사자 두 마리'와 '검은 표범'을 소개합니다. 검은 표범은 검은 닭입니다. 루이스가 검은 표범이라는 닭의 머리를 쓰다듬자, 제제는 '동물원에서 가장 사나운 놈'이라며 겁을 줍니다. 동생이 겁먹은 얼굴로 팔을 거둡니다.

제제는 자신이 만든 상상의 공간에서 이야기를 샘물처럼 만들어냅니다. 샘물은 퍼내도 새로운 물이 끝없이 솟아 나오지요. 마당 한 켠에 놓인 닭장에서 시작된 이야기가 암사자, 표범, 매표소, 다양한 새, 원숭이를 만들어낸 거죠. 제제의 상상력은 눈으로 직접 보는 것보다 훨씬 다채롭고 풍부합니다. 시간과 공간은 상상하고 원하는 만큼 방대해집니다.

동물원에 가고 싶지만 갈 수 없어서 상상만 하던 제제라면 실제로 동물원에 갔을 때 아무것도 상상하지 않은 아이보다 훨씬 더 많은 것을 볼 수 있을 겁니다. 정말 사람이 그렇게 많은지, 입장권은 몇 살까지 무료인지, 어떤 종류의 새가 있는지, 표범은 닭과 얼마나 다르게 생겼는지 꼼꼼히 살펴보겠지요.

요즘 아이들은 어디든 원하는 곳에 갈 수 있어서인지 어딘가 가보고 싶은 욕구가 크지 않은 것 같습니다. 저는 어릴 적에 '부곡하와이'라는 곳의 광고를 보며 무척 가보고 싶어 했던 기억이 있습니다. 지금으로 치면 워터파크인데, 물놀이를 하며 미끄럼틀을 타는 모습을 보며 그게 어떤 느낌일지 궁금했던 기억이 납니다.

이렇듯 아이들이 제제처럼 가고 싶은 장소나 필요한 것에 대해 충분히 상상하면 좋겠습니다. 비밀 친구나 외계인 친구를 상상하면서 심심함을 달래보기도 하고요.

내 책상 서랍에는 외계인이 살고 있어요.
외계인은 몸 집이 손바닥만 하고 몸의 반은 얼굴인 가분수형입니다.
이 외계인은 서랍에서 당최 나오질 않아요.
그런데도 텔레파시가 통해서 내가 무얼 하는지 다 알고 있죠.
잠자리에 들려고 침대에 누우면 슬며시 나와요.
그때부터 내가 잠들기까지 어찌나 재잘거리는지 귀가 따가울 정도예요.

이렇듯 서랍 속을 상상하다 보면 서랍을 열 때마다 설레겠지요. 외계인 친구가 자신의 별로 돌아갈 수 있게 도와주는 상상도 해보고, 다른 사람 앞에서는 다른 모습을 변신하는 외계인을 떠올릴 수도 있을 겁니다. 그러다 보면 더 큰 상상의 나래를 펼칠 수도 있을 거예요.

완벽이 뭐냐?

- 『사진이 말해주는 것들』, 56쪽

사진기가 흔들리면 사진도 흔들립니다. 저니는 흔들린 사진
은 완벽하지 않다고 말합니다. 그러자 할아버지는 도리어 완벽
이 무엇인지 묻습니다.

크리스티네 뇌스틀링거의 『깡통 소년』의 주인공 콘라트는 주
문을 받아서 공장에서 만들어진 아이입니다. 규칙을 아주 잘 지
키고 공부도 잘하지요. 장난도 치지 않고 음식도 몸에 좋은 것
만 먹습니다. 어른들이 볼 때 세상에서 가장 '완벽한' 아이일 것

입니다. 세상의 모든 아이가 콘라트 같다면 어른들은 걱정거리가 하나도 없겠죠. 『페인트』의 주인공도 마찬가지입니다. 어른들이 볼 때 결점이 없어요. 하지만 공장에서 만들어진 물건처럼 모두 똑같아지고 실수 하나 없이 일사불란하게 움직이는 것이 좋을까요? 그러면 과연 세상도 완벽해질까요?

우리 아이는 『오즈의 마법사』를 읽고는 이렇게 말했습니다. "도로시는 대체 하는 일이 없어. 양귀비 꽃밭에 쓰러져서 친구들이 구해줘야지, 지혜도 허수아비가 하지, 용감도 사자가 하지." 아이의 말을 듣고 보니 정말 그랬어요. 주인공 도로시는 특별한 능력이나 마법, 재능을 발휘하기는커녕 '민폐 캐릭터'에 가깝지요. 실수도 하고 호기심 많은 평범한 아이입니다. 그럼에도 도로시가 이야기의 중심이지요.

『오즈의 마법사』가 성공을 거두자 작가는 '오즈' 시리즈를 계속해서 출간했고 발간되자마자 매진될 만큼 인기가 많았습니다. 그런데 유일한 실패작이 하나 있었어요. 바로 『멋진 오즈의 나라』인데, 거기에는 도로시가 등장하지 않았다고 해요. 그럴 정도로 도로시는 이야기에서 중요한 존재예요.

그렇다면 왜 도로시가 중심이 될까요? 도로시는 문제를 직접 해결할 만한 능력은 없어요. 그래도 모두가 외면했던 나무꾼과 사자, 허수아비를 도와주는 따뜻한 마음씨를 가졌어요. 도로시의 아이답고 순수한 마음이, 능력보다는 진심이 통했던 거죠. 읽는 내내 우리는 도로시가 안전하게 집으로 돌아가기를 간절히 응원하지요. 보호해주고 지켜주고 싶은 마음의 구심점에 도로시가 있어요. 그래서 도로시는 완벽한 주인공이지요.

수학 공부를 하는데 각도기가 없다면 완벽하지 않을까요? 각도기를 챙기는 걸 잊어버린 어느 날, 우리 아이는 종이를 이용해서 각도를 쟀습니다. 준비물이 완벽하진 않은 덕분에 다른 방법으로 문제를 해결할 기회가 생긴 셈이죠. 완벽하지 못해도 문제 해결력은 완벽해질 수 있었을 거예요.

저니는 엄마와 아빠가 함께 살지 않지만, 할아버지와 할머니, 누나, 고양이들과 완벽한 가족을 이루고 지내요. 사진을 찍다가 카메라가 흔들려도, 훗날 그 사진에 대해 이야기를 나눌 때는 어떤 사진보다 '완벽하게' 기억이 남지요.

사실 저니의 엄마는 남편이 죽은 후 저니와 누나를 할아버지와 할머니에게 맡기고 떠났습니다. 저니는 엄마를 그리워합니다. 시간이 많이 흘러 그토록 기다리던 엄마의 전화를 받고, 완벽한 것은 없고 모든 것은 좋아질 거라고 말합니다. 엄마가 완벽한 행복을 찾아 떠났다고 생각하기 때문입니다.

저니의 엄마에게 완벽은 무엇이었을까요? 돈을 더 많이 벌어서 넉넉하게 사는 것일지도 모릅니다. 하지만 저니에게는 엄마가 함께하는 것이 아니었을까요? 아이에게는 엄마의 사랑이 가장 필요하니까요.

이렇듯 사람마다 생각하는 완벽은 달라요. 그러니까 달리 생각하면 완벽은 없는 거나 마찬가지지요. 조건이 완벽하다고 해도 매일 싸우면 불행할 테고, 완벽하지 않아도 함께 웃고 울며 정이 넘치면 완벽해지곤 하니까요.

엄마 대신 대답해줄 수는 없단다

－『사진이 말해주는 것들』, 70쪽

주인공 저니는 엄마와 아빠의 사진들이 왜 없어졌는지 할아버지에게 묻습니다. 할아버지는 망설이다가 진실을 알고 싶냐고 되묻습니다. 그리고 엄마가 그 사진을 찢었다고 말하지요. 저니는 이번에는 할머니에게 엄마가 왜 그랬는지 묻습니다. 할머니는 엄마 대신 대답할 수는 없다고 말해요. 할머니는 왜 대답할 수 없다고 했을까요? 할머니는 엄마가 아니니까요. 엄마의 행동에 대해서 정확히 설명할 수 있는 사람은 엄마 자신입니다. 할머니의 생각은 추측일 뿐입니다. 추측은 오해를 불러일으키죠. 저니 할머니는 엄마로부터 들은 사실 그대로를 전달할 수는 있겠지만, 엄마의 생각까지 정확히 알 수는 없습니다. 말은 많은 사람의 입을 거칠수록 부풀려지고 사실과는 다르게 해석되곤 하니까요.

친구와 싸웠을 때 속상한 감정을 직접 전달하기는 껄끄럽고 어렵습니다. 그래서 다른 사람을 통해 그 친구의 마음을 들으려 합니다. 하지만 그건 유추일 뿐입니다. 더 오해가 쌓이지 않으려면 친구에게 직접 들어봐야 하는 거죠.

미국에 간 한 유학생은 친구가 자신을 부르는데 손바닥을 하늘로 향하게 하여 손가락을 까딱까딱하는 제스처를 보고 기분이 나빴답니다. 그래서 기분 나쁘다고 말했지요. 친구는 왜 기분이 나쁜지 물었어요. 한국에서는 강아지 부를 때나 그런 손짓을 한다고 말했더니 친구는 "하지만 미국에서는 사람을 부를 때 하는 흔한 손짓인데?"라고 답했습니다. 유학생은 그제야 오해가 풀렸어요. 만약 묻지 않고 짐작만 했다면 사이가 나빠졌을지도 모르지요.

그러니까 할머니는 엄마 대신 말해줄 수 없다고 하면서 자신은 제3자이기 때문에 해결해줄 수 없음을 일러주고 있습니다. 당사자의 생각을 정확하게 전달하기란 쉽지 않고, 말이 부풀려질 수도 있으니까요. 저니는 할머니의 대답이 답답했겠지요. 할머니도 나름대로 눈치챈 부분이 있을 텐데 전혀 말해주지 않으니까요. 그래도 할머니는 저니의 마음을 다독이기 위해 어설프게 엄마의 입장을 대변하지 않아요. 대신 저니 스스로 감당하게끔 그 몫을 남겨둡니다. 어설픈 위로는 시간이 지나면 오히려 더 큰 서운함으로 다가오기도 하니까요.

이삭줍기

이삭 줍는 일은 어려웠고, 몹시 힘들었다. 여러 시간을 애써 봤자 쌀 몇 줌을 얻을 뿐이었다.

－『사금파리 한 조각』, 114쪽

이삭은 곡식의 낟알을 뜻합니다. 가을에 추수가 끝난 논에 떨어진 곡식이 바로 이삭이죠. 주인공 목이는 이삭을 줍습니다. 다리 밑에서 사는 목이와 두루미 아저씨에게는 농사지을 땅이 없어서, 추수가 끝난 자리에 떨어진 이삭이라도 주워야 배를 채울 수 있습니다.

이삭을 줍는다고 하면 밀레의 〈이삭줍기〉가 떠오릅니다. 서양에서도 이삭을 줍는 사람들은 땅이 없는 가난한 사람이었죠.

언뜻 보기에는 그런 풍경이 목가적이고 평화로워 보이지만 막상 여인들의 손에 움켜쥔 이삭이 얼마 되지 않는 것을 발견하는 순간, 노동의 고달픔이 느껴집니다.

목이는 이삭 줍는 일이 몹시 힘들었다고 말합니다. 이삭을 주워본 적이 없어서 힘든지 알 수가 없으니, 구체적으로 상상해볼까요? 쌀이 귀하던 시절이라 추수가 끝나도 이삭이 많이 남아 있을 턱이 없어요. 그리고 쌀알을 줍기 위해서는 허리를 굽혔다 폈다 해야 합니다. 그렇게 하루 종일 모아봤자 겨우 몇 줌이 될까 말까 한 양입니다.

아이들이라면 검도 연습, 수학 문제 풀기 등 노동은 아니지만 반복해서 연습해야 하는 일을 떠올리면 이해할 거예요. 반복적인 건 지루하고 재미없지만, 반복하지 않으면 실력이 늘지 않습니다. 검도 실력이 늘고 수학 풀이가 쉬워지려면 그 시간을 이겨내야 합니다. 그렇다고 해도 이삭줍기처럼 하루 종일 몸을 구부렸다 펴는 것에 비하면 비교적 쉬운 일이지요.

해외의 가난한 나라의 어린이들은 성인들과 마찬가지로 노동하는 경우가 있어요. 초콜릿 공장에 보낼 카카오를 따는 아이, 면 티셔츠 공장에 보낼 목화솜을 따는 아이, 매일 차가운 물에서 연잎과 연 줄기를 따서 파는 아이도 있습니다. 아이들은 일주일에 100시간 가깝게 힘든 노동을 하고도 아주 적은 돈을 받지요. 카카오를 따더라도 정작 초콜릿을 사 먹을 돈이 없어서 구경도 못 합니다.

물론 너무 먼 나라의 이야기처럼 느껴질 수도 있지만, 이런 일은 아직도 일어나고 있어요. 똑같은 경험을 할 수는 없지만 다른 경험과 연관해서 공감할 필요는 있지요. 왜 공감해야 할까요? '더불어' 사는 세상이니까요. 멀게만 느껴질지 몰라도, 힘들게 노동하고도 정당한 대가를 받지 못하는 경우는 우리 주변에서도 볼 수 있어요. 폐지 줍는 이웃 할머니, 낮에는 공부하고 밤에는 아르바이트를 하는 학생의 이야기이기도 합니다. 관심과 공감은 사람을 이해하는 시작점입니다.

아이들이 '노동'을 경험하지 못했다고 해도 목이를 통해 한 번쯤 진지하게 생각해볼 수 있으면 좋겠습니다. 먹을 것이 풍족한 것에 대해 감사의 마음도 느끼고, 기쁜 마음으로 밥상 앞에 앉을 수 있을 테니까요.

설마설마, 조마조마

"이왕 여기까지 올라왔으니 장난 좀 치자고."

강도는 꽃병 하나를 집어 들었다. 절벽 끝으로 나가가서, 꽃
병을 허공으로 던졌다. 그런 다음엔 절벽 너머를 내려다보며
귀에다 손을 갖다 대고서 소리 듣는 시늉을 했다.

『사금파리 한 조각 2』, 90쪽

목이의 스승인 민 영감님은 왕실의 도자기를 주문받습니다.
목이는 줄포에서 감도관이 있는 송도까지 도자기를 이송하는
임무를 맡습니다. 귀한 도자기인 만큼 안전 시험을 거쳐 정성
을 다해 포장합니다. 꽃병 속에 명주실을 채우고 바깥도 명주실
로 감쌉니다. 빈 공간에는 볏짚을 꽉꽉 밀어 넣어 틈새를 없애

고 굴려보기도 합니다. 이런 행동을 통해 도자기가 얼마나 소중한지 느낄 수 있지요. 그래서 목이가 무사히 송도에 도착하기를 온 마음으로 응원하게 됩니다.

그러다가 강도 두 명이 나타나니 조마조마해지며 심장이 뜁니다. 어린 목이는 힘센 두 명의 강도를 물리칠 수는 없었어요. 마침내 도자기를 감싼 짚과 명주실이 벗겨지고, 강도는 꽃병을 손으로 잡았습니다. '설마 깨뜨리겠어?' 싶은 마음으로 조마조마하게 지켜보지만, 강도는 장난치듯 절벽 끝으로 가서 꽃병을 아래로 내동댕이칩니다. 저 멀리 바위에서 도자기 깨지는 소리가 들리고, 목이가 느꼈을 절망감이 고스란히 느껴집니다. 목이에게는 끼니나 돈보다 소중했던 물건입니다. 그 순간 심장이 두근거리고 목이가 너무 안타까워 눈물이 납니다. 책 속으로 들어가 강도들을 혼내주고 싶은 마음이었죠.

주인공의 입장이 되어 감정의 변화를 고스란히 느끼면 주인공과 독자의 감정이 결합되는 것을 경험할 수 있습니다. 이렇듯 주인공의 감정 변화를 고스란히 느끼는 것을 감정이입이라고 합니다. 주인공이 놀라면 같이 놀라고, 조마조마하면 같이 조마조마해하는 것이죠.

동화나 소설은 기승전결이 있는 만큼 주인공이 처한 상황을 잘 알기에 감정이입이 잘됩니다. 영화도 마찬가지입니다. 예를 들어 '영조 38년, 사도세자를 뒤주에 가두어 굶어 죽게 했던 사건'이라는 사실적 기록만 봐서는 공감하는 데 한계가 있습니다. 하지만 영화를 보면서 사도세자와 영조가 왜 그렇게 행동하고 결단을 내렸는지 순차적으로 이해하고 감정이입하면 인물의 심리를 깊이 공감할 수 있습니다.

그런데 영화와 책은 차이가 있습니다. 영화는 감독과 작가가 보여주고자 하는 바가 구체적이고 명확합니다. 그런 만큼 관객도 제작 의도에 따라 감상합니다. 하지만 책은 상황만 보여주기 때문에 훨씬 다양하게 상상할 수 있습니다. 세세한 감정, 주인공의 행동 하나하나가 모여 이미지를 만들어냅니다. 그 이미지를 느끼는 것은 읽는 사람마다 다릅니다. 반면 영화에서 이미지로 보여주는 것은 상상의 폭을 응축시키고, 감독과 작가의 주제를 명료하게 드러낸다는 점에서 차이가 있습니다.

하지만 인간의 감정은 매우 섬세하고 다각적이기 때문에 공감을 보여주는 내용도 미묘하고 다채로울수록 통쾌하게 가닿는 부분이 있습니다. 책은 그런 부분에서 영화보다 충족해주는 요소가 많습니다. 친구끼리도 '영혼 없는 공감'이나 '상투적인 반응'만 주고받다 보면 피상적인 관계에 머물지도 모릅니다. 아이들은 책을 통해 주인공의 상황을 지켜보며 순차적으로 공감하는 과정에서 진짜 친구가 되는 법을 경험합니다. 결과만으로 공감하는 것과는 달리 타인에 대한 관심과 걱정을 통해 이해심이 넓어질 수밖에 없지요.

충분히 슬퍼하기

"레슬리가 오기 전까지, 난 아무것도 아니었어. 우스꽝스러운 그림이나 그리고 마음속에서 날뛰는 온갖 바보 같은 작은 두려움을 숨긴 채 대담하게 행동하는 것처럼 보이려고 소 먹이는 풀밭을 이리저리 뛰어다니는 한심하고 괴상한 아이였지."

–『비밀의 숲, 테라비시아』, 240쪽

애도는 슬플 애(哀), 슬퍼할 도(悼)로, '슬픔을 슬퍼하는 것'이라는 뜻입니다. 가까운 사람을 잃었을 때 충분히 애도하지 않으면 그 슬픔은 아주 오래가곤 합니다.

『비밀의 숲, 테라비시아』에서 제시는 레슬리가 죽었다는 말을 듣고 다양한 감정이 차례로 밀려옵니다. 제시의 첫 번째 반응은 분노와 부정입니다. 제시는 레슬리의 죽음을 받아들이지 못하고 비틀거릴 때까지 뜁니다. 아버지가 제시를 집으로 데려와 재우자, 잠에서 깬 제시는 무서운 꿈을 꿨다고 생각합니다. 레슬리의 집에 조문을 가야 한다는 아버지의 말에 누가 죽었냐고 묻습니다. 친한 친구의 죽음을 받아들이지 못한 것이죠.

레슬리의 집에 도착하자, 제시는 레슬리의 가족과 친척이 우는 것을 보기가 두렵습니다. 장례를 치르는 동안에도 제시는 울지 않습니다. 그리고 제시는 자신을 배반했다며 죽은 레슬리를 원망합니다. 제시는 달리고 또 달리다가 진흙에 주저앉습니다. 마침내 눈물을 펑펑 쏟습니다.

시간이 지나자 제시는 레슬리와 놀던 비밀의 숲으로 가서 왕비를 위해 장례 화관을 만듭니다. 소나무 가지를 구부리고 봄꽃과 솔잎을 끼워 넣습니다. 제시는 레슬리가 자신에게 보여준 것이 무엇인지 하루 종일 생각합니다. 그리고 마음속 벽을 허물고 빛나는 세계를 보여준 친구임을 깨닫습니다. 아름다우면서도 부서지기 쉬운 세계를 두려워하기보다는 그 두려움에 당당하게 맞서 이겨내야 한다고 생각합니다. 그렇게 제시는 역경을 딛고 성장합니다.

제시가 친구를 잃은 슬픔을 이겨내는 과정을 살펴보며 애도가 어떤 것인지 알 수 있습니다. 충격 - 거부 - 분노-눈물의 과정을 거치고 나서야 진정으로 추모할 수 있어요. 슬픔을 극복하는 과정은 길고 고통스럽지만, 충분히 애도해야 고인을 기리는 마음이 더욱 커진다는 것을 알 수 있지요.

내 마음을 잘 지켜보는 것이 슬픔을 극복하는 시작이 아닐까 싶어요. 장례식장에서 거행하는 의식과는 별개로 내 마음이 원하는 속도를 알아차리는 것이죠. 사랑하는 사람을 기억하는 것도 잊는 것도, 모두 자신만의 속도가 있어요.

『그리운 메이 아줌마』에서도 장례식이 치러지는 동안 '통곡할 기회조차' 빼앗기는 기분이 들었다는 말이 나와요. 슬픔을 이겨내지 못한 오브 아저씨는 영혼을 만나게 해주는 목사를 만나러 길을 떠납니다. 여전히 아줌마가 곁에 있다고 느끼지요. 하지만 서머는 그런 아저씨가 정상으로 보이지 않아 걱정합니다. 결국 먼 여행을 다녀와서야 서머는 눈물을 쏟습니다. 메이 아줌마와의 추억이 남은 부엉이가 날아가자, 메이 아줌마가 완전히 떠났다는 것을 깨닫지요. 메이 아줌마를 두 번 다시 볼 수 없다는 것을 자각하고, 그동안 슬픔을 견디느라 제대로 돌아보지 못한 감정을 쏟아냅니다. '지난 두 계절 동안 차오른' 눈물이 터져버린 거지요. 결국 오브 아저씨가 만든 바람개비들을 꽂고 바람과 함께 메이 아줌마를 보내주는 그들만의 의식으로 아줌마를 떠나보냅니다. 그 의식은 장례식과 같은 형식이 아니라 위로와 진심만 있습니다.

가까운 사람을 잃고 비정상적이고 비현실적인 상태는 슬픔을 애도하는 과정이기도 합니다. 오브 아저씨가 메이 아줌마를 얼마나 사랑했는지, 제시가 레슬리를 얼마나 사랑했는지 알기에 우리는 그들을 이해합니다.

리처드 길버트는 가까운 가족을 잃은 깊은 슬픔에 빠진 사람의 내면이 '공사 중'과 마찬가지라고 말했습니다. 길에서 공사 중이라는 표지판을 보면 멀찌감치 돌아갑니다. 어수선한 공사장에 가서 이래라저래라 충고하면 오히려 일은 더 늦어지니까요. 오브 아저씨가 정상적이지 않아 보인 건 마음이 어수선하기 때문입니다. 공사판이 어수선해 보인다고 싹 치워버리면 완공될 수 없을 거예요. 그러니 완공될 때까지 기다려주어야 하지 않을까요?

가까운 사람을 잃고 슬픔을 애도하는 시간은 본인이 정하는 것입니다. 너무 오래 슬퍼한다든가, 너무 담담하다든가 함부로 말할 수 없습니다. 알베르 카뮈의 『이방인』에서도 주인공이 유죄를 선고받은 결정적인 이유는 어머니의 장례에서 슬퍼하지 않아서입니다. 오열하지는 않아도 주인공은 계속 우울했습니다. 그것이 그에게는 애도의 과정이었을 것입니다.

슬픈 일을 겪었을 때 회복하는 시간은 사람마다 다릅니다. 빨리 회복하기를 바라는 마음으로 설득하려거나 재촉한다면 오히려 상처가 덧날 수도 있습니다.

예쁜 구름이 지나가기를

"제제, 우리가 기다리는 게 뭔데?"

"하늘에 아주 예쁜 구름이 하나 지나가는 것."

"뭘 하게?"

"내 작은 새를 풀어주려고."

               - 『나의 라임오렌지 나무』, 103쪽

제제의 마음속에는 오랫동안 간직한 작은 새가 있습니다. 이제는 작은 새를 풀어주려고 예쁜 구름이 지나가기를 기다립니다. 그리고 잎사귀 모양의 잘생긴 구름이 지나갈 때 셔츠를 열어 새를 보내줍니다. 원래 집에서 키우다가 오래전에 죽은 새인데, 시간이 흘러 이제는 놓아줄 준비가 된 거예요. 그래서 예쁜 구름이 지나갈 때 마음에서 보내준 거죠. 작별 의식의 의미를 깊이 새겨볼 만한 구절입니다.

우리 아이와 함께 알을 부화시켜 병아리를 키운 적이 있어요. 세 개의 알이 부화했는데, 그중에 처음 태어난 병아리 '차모'가 시름시름 앓았어요. 물과 모이를 먹여보았지만, 차모는 아무것도 넘기지 못하고 눈을 감았어요. 비가 쏟아지던 날, 집에서 내다보이는 향나무 아래에 차모를 묻고 돌을 올려 비석으로 삼았지요.

아이에게는 차모가 죽기 전부터 이런저런 이야기를 들려주며 마음의 준비를 해두었지만, 그래도 아이는 한참을 엉엉 울었어요. 아픈데도 아무것도 해줄 수 없는 게 너무 가슴 아팠나 봐요. 아이가 그렇게 슬퍼하는 걸 처음 봤지요. 아이는 차모에게 다음에는 사람으로 태어나라며 작별 인사를 했어요.

사실 어렸을 때 집에서 키우던 햄스터가 죽거나 기니피그를 분양 보낼 때도 그렇게는 울지 않았는데, 10살도 넘은 아이가 그렇게 엉엉 울다니 놀랐어요. 그런데 저는 아이의 마음을 전혀 헤아리지 못하고는 특강을 신청해놓은 상태라서 수업에 가야 한다고 했어요. 아이는 싫다고 했지만 저는 수업은 가야 한다고 우겼고, 결국 아이는 출석은 하고도 수업에는 아예 참여하지 않앉어요. 선생님이 말을 걸었지만, 아이는 끝끝내 아무것도 하지 않고 2시간 넘게 앉아만 있었어요.

아이는 작별 인사를 하고도 슬픔이 남아 아직 완전히 보내주지 못한 것이었죠. 그런데 저는 묻어주고 인사말도 했으니, 이미 끝난 일이라고 생각한 거예요. 아이의 마음은 아직 아물지 않았는데, 제가 다그치듯 일상으로 돌아가라고 했으니 아이는 얼마나 속상했을까요? 수업 시간에 꼼짝도 않고 앉아 있던 아이를 떠올리면 지금도 미안해집니다. "예쁜 구름이 지나갈 때 다시 한번 차모를 보내주자"라고 했더라면 아이는 이별을 잘할 수 있었을 텐데요.

제 아버지의 장례식 때 창밖에 매 한 마리가 빙글빙글 돌았습니다. 도시 한가운데서 맹금류를 보기는 힘들었기에, 장례식을 치르던 가족들이 모두 하늘을 올려다보았습니다. 저는 매를 보면서 아버지가 훨훨 날아가시는 것처럼 느꼈어요. 그렇게 아버지를 떠나보냈지요.

어쩔 수 없이 헤어지면 그 슬픔을 받아들이기가 힘들 때가 있습니다. 당장 마음을 정리하기 쉽지 않다면 자신만의 시간과 속도를 기다렸다가 작별 의식을 치러야 할 필요도 있겠지요.

외로움

몽실이는 혼자서도 꿋꿋하게 잘 지내왔는데, 왜 갑자기 외로
움을 느꼈을까요? 책에서는 사랑을 느꼈을 때만 외로움도 느낀
다는 구절이 있어요. 그동안 몽실이는 사랑과 관심이나 이해를
받기보다는 혼자 헤쳐나갈 것만 생각하며 살아왔어요. 살펴줄
부모님도 없이 동생 난남이를 업고 하루하루 먹을거리를 찾아

헤맸지요. 그러던 어느 날, 북한군으로 내려온 청년이 몽실이 집에 들어와서 몽실이의 안타까운 사정을 듣고 따뜻하게 대해주지요. 그러던 청년이 떠나자 몽실은 처음으로 외로움을 느낍니다. 지금까지 혼자 잘 버텨왔지만, 누군가가 이야기를 들어주고 걱정해주니 그 순간만큼은 이해받는 느낌이 들지 않았을까요? 온갖 고생을 알아주는 사람을 만나 그간 쌓였던 설움이 풀리는 듯했을 거예요. 그런 사람이 떠나니까 외로움이 몰려온 거죠.

살다 보면 불쑥불쑥 외로움이 찾아오곤 하지요. 외로움은 감기라는 말이 있어요. 감기는 계절이 바뀌거나 몸이 허약해졌을 때 찾아오곤 합니다. 외로움도 마찬가지입니다. 감기처럼 잘 지내다가도 찾아오곤 합니다. 평생 감기에 걸리지 않은 사람이 없듯 외로움을 느끼지 않는 사람도 없습니다.

감기에 걸렸을 때 그 원인을 곰곰이 떠올려보지만, 정확한 원인을 알기란 쉽지 않습니다. 외로움도 마찬가집니다. 날씨 때문인가? 바쁘게 지냈는데도 왜 외롭지? 친구들의 연락이 끊긴 게 내 잘못일까? 끊임없이 이유를 찾아도 알기 어렵고 외로움을 피할 수도 없습니다. 감기에 걸리면 감기약을 먹거나 휴식을 취하며 몸을 돌보듯, 외로움을 이겨내기 위해서는 마음을 돌보는 시간을 충분히 가져야 합니다.

혼자만 감기에 걸리지 않듯이, 외로움도 혼자 느끼는 감정이 아니에요. 그동안 전속력으로 달려온 자신을 토닥여보기도 하고, 자신을 위해 맛있는 음식을 먹고 쉬면서 달랠 필요가 있어요. 외로움의 원인 중에 이런 것도 있다는 것을 알면 훨씬 외로움을 대하기가 편해지겠지요.

외로움은 사는 동안 불쑥불쑥 찾아오곤 합니다. 그런 만큼 다각도로 통찰하는 경험이 백신과 같은 효과를 보일지도 모릅니다. 외로움에서 완전히 해방될 수는 없겠지만 무뎌질 수는 있을 테니까요.

자흔의 목소리는 마치 그 모든 사람들의 외로움을 빻았다가 반죽해놓은 흰 떡살같이 고즈넉했다.

— 『여수의 사랑』, 15쪽

이렇게 내공이 쌓이면 외로움은 '흰 떡살같이 고즈넉'해질지도 모릅니다.

불행이 생각과 지혜를
빨리 자라게도 한다

어차피 난남이도 처음부터 불행했으니 보통 아이들보다 빨리 자랄 것이다. 생각도 자라고 지혜도 빨리 자랄 것이다. 그게 꼭 좋은 건 아니지만 가난하고 외로운 아이들에겐 다행인지도 모른다.

— 『몽실 언니』, 196쪽

난남이는 태어나자마자 엄마가 돌아가셨기 때문에 엄마의 사랑을 받지 못했습니다. 몽실이는 난남이가 이따금 혼자 동그마니 앉아 골똘히 생각하는 모습을 보며 소맷자락으로 눈물을 닦습니다. 그리고 불행한 만큼 빨리 자랄 거라고 생각합니다.

난남이의 불행은 태어나자마자 엄마가 돌아가셨고 가난하다는 것입니다. 몽실이가 난남이를 아무리 아끼고 사랑해주어도 엄마의 사랑과는 다릅니다. 난남이는 몽실 언니에게 짐이 될까 봐 빨리 독립하려고 할 것입니다. 의존하지 않으려는 노력이 쌓이면 또래들보다 빨리 자랄 수밖에 없지요. 불행한 건 마음이 아프지만, 빠르게 잘 자라는 건 좋은 점이기도 합니다. 어쩌면 불행하다고 무조건 나쁘다고만은 할 수 없어요.

화가 뭉크는 어릴 적 병에 걸린 누나와 엄마를 잃고 엄청난 실의를 겪었어요. 그래서 죽음에 대한 질문을 마음에 안고 살았습니다. 뭉크의 작품은 죽음에 대해 고민한 결과물이라고 합니다. 고통을 예술 작품으로 승화한 거지요. 누나와 어머니의 죽음이라는 불행을 통해 남다른 통찰과 성장을 이룬 셈입니다.

저는 어렸을 적부터 내성적이고 소심해서 곧잘 상처받곤 했습니다. 모든 게 내 탓인가 싶었어요. 스스로를 편드는 대신, 상대방이 일부러 그러지 않았을 거라는 근거를 찾으려고 사람을 관찰하는 데 몰두했습니다. 임의로 판단을 내리기보다는 늘 유보하곤 했죠. 그 결과, 저의 소심한 성격은 글과 친해지는 계기가 되었습니다. 유보하는 습관은 말보다 글의 속도에 더 적합했지요. 글로는 눈치 보지 않고 마음껏 표현할 수 있고, 나중에 글을 수정할 수도 있습니다. 내가 가진 약점이 강점이 되는 건 이런 게 아닐까요?

자신의 의지와는 상관없이 남들보다 조금 불행하게 타고난
부분이 성장의 바탕이 된다고 믿어요. '인생지사 새옹지마'라는
고사성어처럼요. 행복과 불행은 변수가 많으므로, 현재의 불행
에 일희일비하지 않는 마음가짐이 필요하겠죠. 환경의 결핍이
맷집을 단단하게 하는 경우도 많으니까요.

빛이 꺼진 늑대의 상복

"어느 날 밤에 그 앤 자기네 오빠랑 떠났었대. 아무도 어디
로 갔는지 몰랐는데, 아침이 되어서야 혼자 돌아왔대. 황금빛
털이 꺼져버린 채로. 햇살이 비쳐도 황금 깃털은 이제 빛나지
않아. 시들어버린 풀잎처럼! 다들, 그 애가 상복을 입을 거라
고 그랬어."

– 「늑대의 눈」, 60쪽

황금 깃털은 주인공인 푸른 늑대의 여동생입니다. 황금빛 털
이 찬란하게 빛나지만, 황금 깃털에게도 단점은 있었어요. 호기
심이 많은 만큼 모험심도 강했거든요. 모험심은 때때로 위험 요
소가 됩니다. 황금 깃털은 인간에 대한 호기심으로 인간들이 있

는 캠프에 갔고 올가미에 잡히고 맙니다. 푸른 늑대는 그 사실을 알고 황금 깃털을 구하러 가서는 동생은 구해내고 자신은 잡히고 맙니다. 황금 깃털은 가족들에게 돌아왔지만, 푸른 늑대는 잡혀가고 말았어요.

이제 황금 깃털의 털은 더 이상 반짝이지 않습니다. 잘 웃지도 않고 빛을 잃었습니다. 이렇게 황금빛 털이 빛을 잃은 모습을 '상복'에 비유했습니다. 상복은 가장 가까운 가족이 죽었을 때 입는 것입니다. 그러니까 상복을 입은 사람은 슬픔에 잠기고 웃음을 잃어서 찬란하거나 눈부시지 않습니다. 황금 깃털은 자신 때문에 잡혀간 오빠에 대한 죄책감으로 더 이상 밝고 환할 수가 없는 거지요.

누군가가 나로 인해 곤란과 어려움에 빠지면 마음이 무거워집니다. 예전처럼 마냥 밝고 즐겁게 지낼 수 없습니다. 황금 깃털도 이제는 더 이상 눈부시게 아름답지 않지만, 오빠를 대신해서 가족을 돌보는 일에 최선을 다합니다. 신중하고 책임감 있게 변합니다.

황금 깃털처럼 마음에 밝음을 담고 있으면 외모도 찬란해지고 마음이 어두워지면 겉모습도 어둡습니다. 반대로 밝은 표정을 짓다 보면 마음도 밝아질 때가 있습니다.

우리 아이가 어느 날부터 "부모는 자식의 거울"이라는 말을 하기 시작했습니다. 한창 부모에 대해 기대가 많을 때였지요. 좋은 부모가 되려고 애썼지만 마음 같지 않잖아요. 부모도 사람이다 보니 울컥할 때도 있고 늘 바르게만 행동하기가 쉽지 않습니다. 그래서 저는 '행동의 거울' 대신 '표정의 거울'이 되려 애쓰고 있습니다. 하루에 입꼬리 100번 올리기가 제 미션입니다. 바르고 옳은 행동만 하는 건 힘들지만, 웃는 모습만 보여주어도 훨씬 분위기가 밝아지니까요. 마음의 여유도 생기고요. 마음의 밝음이 외모로, 친구의 밝음이 내게로, 이렇게 에너지는 옮겨지거든요.

인간의 얼굴은 정신적 내면성을 직접적이고 다양하게 보여주는 매개체라고 합니다. 표면적인 겉모습과 내부의 정서를 동시에 느끼게 하지요. 막스 피카르는 "사람의 얼굴은 보이는 것뿐만 아니라 보이지 않는 것에도 강한 힘을 미친다"고 했습니다. 이렇게 겉과 속이 연결되어 있으니 우선순위를 따질 수 없지요. 눈부시게 빛나던 황금 깃털의 털이 빛을 잃은 것도 이런 이유이겠지요.

입을 불쑥, 눈물을 글썽

"걱정 마, 루이스. 너 내 망아지 '달빛' 알지? 내가 또또까 형
한테 막대기를 고쳐달라고 부탁해서 크리스마스 선물로 줄
게."

　루이스는 소리를 내어 울었다.

– 『나의 라임오렌지 나무』, 63쪽

　눈물이 날 만큼 무언가 갖고 싶은 게 있나요? 요즘 아이들은
선물 받는 날이 참 많아요. 선물을 받을 때 항상 기분이 좋은가
요, 아니면 기뻐하는 건 잠시고 금세 싫증 내나요?

　제제와 동생 루이스는 크리스마스 전날 장난감 공장에서 주
는 공짜 선물을 받기 위해 먼 길을 힘들게 찾아갑니다. 둘 다 지

쳐서 발걸음이 느려지고 거의 녹초가 되어 도착합니다. 하지만 너무 늦게 도착해서 모든 선물은 동이 나고 말았습니다. 장난감을 쌌던 포장지만 나뒹굴고 있었죠. 동생 루이스는 입을 불쑥 내밀고 눈물을 글썽이다가 결국 소리내어 웁니다.

어린 제제도 동생 못지않게 실망했을 텐데, 루이스는 왕의 이름이니 길바닥에서 울면 안 된다면서 달래줍니다. 그리고 천사 같은 동생이 선물을 받지 못한 게 악마 같은 자신 때문이라고 생각합니다. 자신의 가족은 모두 착한데 아기 예수는 왜 잘해주지 않을까 반문하고, 부자들이 더 소용 있어서 그들에게 더 잘해준다고 생각하죠.

선물에 대한 간절한 희망이 무너지니 아이들은 그 실망감으로 자신을 자책하기도 하고 하느님을 원망하기도 합니다. 제제와 루이스와 또또가 형에게 선물은 단순히 물건을 소유하는 것 이상의 의미가 되고 맙니다.

저는 최근에 아이가 준 선물에 감동받았어요. 집으로 돌아오는 길에 율마를 트럭에서 파는 걸 보고 용돈을 헐어서 사 온 거예요. 얼마 전 율마를 살까 말까 고민했거든요. 그걸 기억해뒀다가 어버이날 선물이라며 사 들고 온 거죠. 요즘 아이들은 선물을 받는 데 익숙한 만큼 선물을 해봄으로써 선물의 소중함을 깨닫는 것도 좋지 않을까요?

간절히 갖고 싶은 선물이 있다는 결핍은 때로 소중한 추억이 되곤 합니다. 제가 어렸을 때 피아노 학원을 다니는 게 너무 재미있었는데, 정작 피아노를 사달라는 말은 못 했던 기억이 있어요. 음악실에 몰래 들어가서 피아노를 치거나 친구 집에 가서 피아노를 칠 때 그 기쁨이 지금도 마음속에 남아 있어요. 갖고 싶은 것을 다 가지지 않았기에 오랫동안 사랑한 물건에 대한 추억과 소중함, 아련함이 남는 것 같아요.

그러니까 물건이나 선물에 대한 결핍을 경험하는 것이 꼭 불행은 아니겠지요. 돈이 있어도 인내하고 자제하는 것이 옳은 선택을 위한 의지일 수도 있거든요. 어른이 돼도 원하는 모든 것을 가질 수 없지만, 돈이 많다고 해도 물건이나 돈의 노예가 되어서는 안 됩니다. 노블레스 오블리주를 실천하거나 환경을 위해 물건을 지나치게 소유하지 않는 것도 가치 있는 행동이니까요. 세상에는 돈 말고도 중요한 가치가 많다는 걸 잊지 말고 아이에게 가르쳐주세요.

미국의 정치학자 잉글하트는 산업화 이후 물질주의였던 가치가 점차 탈물질주의로 변화한다고 주장했습니다. 하지만 우리나라는 젊은 세대가 기성세대에 비해 비교적 풍요롭게 살아왔는데도 물질주의가 뿌리 깊게 자리 잡고 있습니다. 물질적으로 풍요로워졌지만 개인의 가치관에는 큰 변화가 없는 것이지요. 많은 나라의 젊은이들이 환경이나 사회복지 등에 관심을 가지고 비물질적인 가치를 추구하는 것에 비해, 우리 사회는 여전히 물질에만 가치를 둔다는 것은 다양한 가치를 탐색할 기회가 부족했기 때문이 아닐까 하는 생각이 듭니다. 제제와 루이스처럼 간절하게 선물을 받고 싶어 하던 시대는 이미 지나갔습니다. 아이들에게 더 큰 세상을 보여주어야 하지 않을까요.

시간을 아끼면
곱절의 시간을 벌 수 있다?

시간을 아끼면 곱절의 시간을 벌 수 있다.

－『모모』, 94쪽

　　이발사 푸지 씨는 매일 어머님과 대화하고, 앵무새를 돌보고, 여자 친구를 만나고, 일주일에 한 번은 영화를 보고, 합창단 모임에 나가고, 손님과 대화합니다. 그런데 회색 신사가 그 시간을 아끼면 더 많은 시간과 재산을 벌 수 있다고 말해요. 예컨대 손님과 이야기하는 시간을 줄여서 더 많은 손님을 받으면 더 많은 돈을 번다는 거죠. 그러면서 그 돈으로 어머니를 양로원에 보내라고 합니다. '아무짝에도 쓸데없는 앵무새'는 버리고 명상이나 노래, 책을 읽는 데 귀중한 시간을 낭비하지 말라고도 당부합니다.

푸지 씨의 어머니는 귀가 잘 들리지 않아서 대화하기가 힘듭니다. 그러니 회색 신사의 말은 일리가 있는지도 모릅니다. 그런데 대화라는 게 꼭 많은 말을 주고받아야 하는 건 아니지요. 하루 종일 혼자 지내는 어머니는 아들 푸지 씨와 보내는 짧은 시간을 고대할 텐데요. 잘 듣지 못해도 손잡고 눈 마주치며 마음을 주고받을 수는 있지요.

푸지 씨가 그 시간을 아껴서 버는 것은 돈입니다. 그렇게 번 돈으로 어머니를 좋은 시설의 양로원에 보내드리고, 좋은 옷과 서비스를 받도록 할 수 있습니다. 물질의 풍요는 누리겠지만 마음의 풍요는 과연 괜찮을까요? 어느 쪽이 더 좋고 합리적이라고 할 수는 없지만, 어떠한 선택이든 자신의 상황에 맞게 선택해야 합니다.

요즘은 강아지, 고양이 같은 반려동물을 키우는 집이 많아요. 반려동물을 키울 때는 목욕이나 산책처럼 해야 할 일이 많습니다. 회색 신사의 논리대로라면 시간 낭비지요. 하지만 반려동물을 사랑하고 사랑받으며 느끼는 행복의 크기를 무시할 수는 없어요. 사람들은 돈이 아니고도 다른 것에서 행복을 느끼거든요. 시간을 아끼고 감정을 아끼면 곱절의 시간과 돈은 생기겠지만,

그것을 함께 나눌 친구가 없다면 마음은 더욱 가난해질 거예요.

제가 가르친 학생 중에 수학 공부가 재미있다고 말한 친구가 있어요. 수학 선생님이 지우개를 잘라서 도형을 설명해주는 게 재미있고, 연습장에 공식을 대입시켜 문제 풀이를 하나하나 써 내려가는 과정이 즐겁다고 했어요. 시험에서 1등 하는 것만 목적으로 하면 지우개를 자르며 여유롭게 문제를 풀기란 쉽지 않을 거예요.

한편 네 명의 학생이 모둠 수업을 하는데, 한 친구가 엉뚱한 질문을 던져서 이야기를 나누었어요. 그때 공부를 잘하는 한 학생이 "수업이나 하시죠"라고 말했어요. 조금이라도 방해받기 싫었던 거죠. 책을 읽고 토론하는 수업인데 상대의 생각을 무시하고 무안을 주면서 관계와 태도에 대한 공부는 놓치고 있다니, 안타까웠어요.

회색 신사의 말대로, 푸지 씨는 손님들과 대화하느라 30분씩 걸리던 이발을 15분 만에 해내기 위해 손님에게 무뚝뚝하게 대하며 일했습니다. 그러나 일상의 기쁨을 잃었고 일의 속도만 남았지요. 더 많은 손님을 받고 더 많은 돈을 벌고 더 좋은 옷을 입지만 "삶이 점점 빈곤해지고, 획일화되고, 차가워지고 있다는 것을 알아차리지 못했다"라고 합니다.

『모모』에서는 시간을 아끼고 돈과 목표를 이루는 데만 집중하면 삶이 빈곤해질 수 있음을 보여줍니다. 삶의 빈곤이란 획일화된 일상과 사람과의 교류가 없는 차가운 관계를 말합니다. 물론 때로는 돈과 성취를 위해 단조롭게 살아가야 할 때도 있으니 시간을 아끼고 목표 지향적인 삶을 산다고 해서 틀렸다고만 할 수는 없습니다. 다만 『모모』를 통해서 시간에 대해 깊이 있게 통찰하고 나면 살아가면서 시간을 적절하게 관리해야 할 때를 알고 무게중심을 잘 잡을 수 있겠지요.

인형이 말을 하면 좋을까?

잠시 후에 모모는 인형을 손으로 살짝 만져보았다. 그러자 인형은 눈을 깜빡깜빡하더니 입술을 움직여 말을 하기 시작했다.

"안녕, 난 비비 걸이야. 완전한 인형이야."

－『모모』, 120쪽

인형이 말하는 것이 좋을까요? 장난감의 옵션이 많아질수록 아이들의 상상력은 늘어날까요?

『모모』에서 어른들은 아이와 놀아줄 시간이 점점 부족해집니다. 돈을 벌기 위해 시간을 쓰고 번 돈으로 아이들에게 장난감을 사줍니다. 경제적으로 넉넉해지자 말하는 인형도 사줍니다.

아이들은 처음에는 좋아하지만 차츰 싫증을 냅니다. 인형을 갖기 전보다 더 심심해합니다. 부모님이 인형을 사줄 돈이 없을 때는 책도 읽어주고 대화도 많이 나누었는데, 말하는 인형을 사주고부터는 같이 지낼 시간이 부족합니다.

한편 기능이 많은 장난감은 놀이를 변형하기 힘듭니다. 오히려 흙, 돌, 물감, 모래, 공은 단순하지만 새로운 놀이를 많이 만들어냅니다. 어린아이들이 친구와 공만 있어도 몇 시간이고 노는 것은 오히려 공에 아무런 기교도, 기능도 없기 때문입니다. 놀잇감에 기교도, 기능도 없으니 아이들이 스스로 기교를 부리는 거지요. 게다가 기능이 많은 장난감은 정해진 대로 가지고 놀지 않으면 고장나기 쉽습니다.

요즘은 인공지능도 대화 수준이 많이 높아졌습니다. 그래도 기계와 대화하는 것이 만족스럽지는 않습니다. 수학 문제처럼 정답이 있는 질문에는 답을 잘해주지만, 제대로 된 생각이나 의견을 듣기는 어렵거든요. 하지만 사람들은 정답이 있는 대화보다 정답이 없는 대화를 더 재미있어합니다.

그리고 보면 사람이 점점 기계의 노예가 되는 게 아닐까 싶습니다. 커피 머신을 세척하는데, 매뉴얼대로 안 했더니 오류 메시지가 자꾸 떴습니다. 시키는 대로 안 하면 고장이 나거나 제대로 이용할 수 없으니, 기계가 상전이라는 생각이 들기도 합니다. 일상을 편리하게 하려 쓰는 기계가 실은 사람들을 조종하고 있는지도 모른다는 생각이 들었어요.

도서관에서 어린 여자아이가 동생에게 책을 읽어주는 광경을 본 적이 있습니다. 아이는 글을 몰라 그림만 보고 동생에게 이야기를 지어서 들려주었어요. 언니의 이야기를 동생은 재밌게 듣고 있었지요. 언니는 책을 매개로 상상력을 펼치며 이야기를 듣는 동생의 반응을 살폈고, 동생은 언니의 이야기를 들으며 즐겼죠. 두 아이는 목소리가 나오는 책을 들으며 글자를 익히는 것보다 더 많은 것을 느끼지는 않았을까요?

선박에서 흘러나온 기름에 휩싸여

고양이 네 마리는 오래된 밤나무 밑에서 구슬픈 기도를 올렸다. 곧이어 가까이 있던 다른 고양이들과 강 건너 저편에 있던 고양이들의 울음소리가 이에 합쳐졌다.

－『갈매기에게 나는 법을 가르쳐준 고양이』, 72쪽

갈매기 켕가는 선박에서 흘러나온 기름에 휩싸여 죽습니다. 고양이들은 켕가를 밤나무 밑에 묻어주고 장례식을 치르죠. 장례를 치르던 네 마리 고양이뿐 아니라 온 마을의 고양이가 울고, 이어서 개의 울부짖음, 새장에 갇힌 새, 참새, 개구리, 침팬지까지 울음까지 더해집니다. 온갖 동물들이 알지도 못하는 갈매기의 죽음을 슬퍼했다니, 황당하게 들릴지도 모릅니다. 하지만 곰곰이 생각해보면 중요한 메시지를 얻을 수 있습니다.

항구 도시에 있는 모든 동물이 갈매기 한 마리의 죽음을 슬퍼했지만 사람들은 전혀 모릅니다. 그런데 아이러니하게도 갈매기의 죽음의 원인은 사람 때문입니다. 정확히 말하면 사람이 선박에서 흘려보낸 기름 때문입니다. 원인을 제공한 사람들은 오히려 갈매기의 죽음을 알지도 못하고 슬퍼하지도 않는다는 메시지가 있었던 거죠.

때린 친구는 발 뻗고 자고, 엉뚱한 친구들이 맞은 친구를 걱정하는 것과 같은 상황입니다. 모든 동물이 갈매기 한 마리의 죽음을 애도할 수밖에 없는 이유는 이 죽음이 자신들과도 연관이 있다는 것을 본능적으로 알아챘기 때문입니다. 선박에서 흘러나온 기름은 바다에 막을 만들고 바닷속에 들어갈 햇빛을 막아버립니다. 그러면 바닷속 생물들은 제대로 광합성하지 못하고 산소가 부족해집니다. 또한 무거운 기름은 덩이진 채 바다 곳곳을 떠다니며 생태계를 망칩니다.

갈매기는 기름이 묻으면 날개를 움직일 수 없습니다. 독성에 민감한 조개나 게도 살 수 없습니다. 모리셔스섬 선박 기름 유출 사건 때는 고래들이 죽어 해안에 떠밀려 왔습니다. 그만큼 선박 기름은 위험합니다. 동물들이 갈매기 한 마리의 죽음을 온 마을의 비극으로 여겨 울었던 까닭입니다. 그런데도 인간들은 심각성을 깨닫지 못하고 잠만 잡니다. 가장 슬퍼하고 아파해야 할 존재가 인간임을 깨닫지 못하고 있다는 것을 역설적으로 드러낸 표현이 아닐까요?

환경을 보호해야 한다는 메시지를 직접적으로 준다면 동화는 훨씬 재미없을 겁니다. 의미를 곱씹어 숨은 메시지를 찾아야 울림은 크게 와닿고 오래 기억됩니다. 갈매기 한 마리의 죽음을 모든 동물이 슬퍼한다는 설정을 황당하다고만 치부하면 이야기의 본질을 이해하기 어렵습니다. 과장된 표현만큼이나 메시지도 크다는 사실을 깨달아야 합니다.

학교에서는 아이들에게 환경오염의 실태를 알려주고 소가 내뿜는 탄소 배출량과 같은 객관적인 정보로 환경에 대한 인식을 심어줍니다. 그런데 동화책은 다른 방식으로 논합니다. 엄마 갈매기가 기름에 휩싸인 모습, 소중한 아기 갈매기를 보지도 못하고 죽어가는 엄마의 마음, 처음 보는 고양이에게 알을 맡겨야 하는 사정을 드러내어 환경 문제를 넌지시 보여줍니다.

물론 사람마다 다르게 느낄 거예요. 다만 문학에서는 이래야 한다고 가르치기보다는 어떤 문제가 있는지 보여주고 독자에게 선택권을 주지요.

사진이 말해주는 것들

"진실은 말이다. 가끔은 사진 뒤에 있단다. 사진 안에 있는 게 아니고 말이야."

— 『사진이 말해주는 것들』, 101쪽

맥두걸 여사는 어린 시절의 가족사진을 주인공 저니에게 보여줍니다. 맥두걸 여사의 부모님과 남동생이 있는 사진이죠. 맥두걸 여사의 남동생은 의젓해 보이는데, 맥두걸 여사는 그 사진을 찍을 때쯤엔 남동생이 악마처럼 못되게 굴었다고 말합니다. 사진으로 볼 땐 평화롭고 완벽해 보이지만 실제로는 누나와 남동생이 티격태격 싸웠던 거죠. 가끔은 사진 뒤에 진실이 있다는 말은 그런 뜻입니다.

사람들은 SNS에 담긴 사진들을 보며 부러워하곤 합니다. 좋은 음식, 화려한 미소, 아름다운 공간에서 찍은 사진을 보고 있으면 부족함이란 없어 보이지요. 그러나 사진의 모습이 모두 진실만은 아닙니다. 그 사진들이 모두 가짜라는 말은 아니에요. 다만 맹목적으로 믿고 부러워하고 자신의 처지를 속상해할 이유는 없다는 거죠.

이 책에서는 저니의 가족사진을 찍는 장면이 세세히 묘사됩니다. 사진을 찍어주는 쿠퍼 형이 웃으라고 말합니다. 가족들은 이미 웃고 있어요. 주인공 저니가 거꾸로 숫자를 세고 쿠퍼 형은 모자를 기울입니다. 그 모습을 보던 누나는 웃음을 터뜨리고요. 저니는 사진 속으로 달려가면서 할아버지 무릎 위로 곱드러집니다. 할아버지가 놀란 표정으로 아이를 붙잡습니다. 저니는 할아버지를 살펴보다가 할아버지의 재촉에 고개를 돌려 사진기를 봅니다. 그때 찰칵, 소리가 나고 쿠퍼 형의 모자가 떨어집니다. 사진 한 장에는 이렇게 많은 이야기가 담겨 있습니다.

예전에는 디지털카메라 대신 필름 카메라를 썼어요. 디지털카메라는 많이 찍어서 쉽게 삭제할 수 있지만, 필름 카메라는 필름 한 통으로 24장 혹은 36장을 찍을 수 있어요. 실수로 찍어도 삭제할 수 없어서 가장 완벽한 상황을 연출해서 찍었지요.

그래서 예전에는 한 컷을 찍는 데도 시간이 오래 걸렸어요. 모든 사진에 뒷이야기가 남을 만큼 소중했지요. 디지털카메라나 휴대폰 카메라는 워낙 쉽게 찍고 삭제하다 보니 사진을 찍는 동안 어떤 일이 있었는지 기억하지 못할 때도 많습니다.

"사진은 좋든 나쁘든, 조각난 시간을 멈춰 세우고 구해주지."
— 『사진이 말해주는 것들』, 118쪽

얼마 전, 식탁 밑에 들어가서 우리 아이가 친구와 찍은 사진을 보았습니다. 아이들은 손으로 브이 자를 그리며 웃고 있었습니다. 하지만 아이는 "엄마! 그때 이 친구랑 싸웠어"라고 했습니다. 친구가 식탁 밑에 들어가면 안 된다고 해서 티격태격했다는 겁니다. 아이는 사진 한 조각으로 시간을 거꾸로 거슬러 올라가서 퍼즐을 맞추듯 사진 찍기 전후의 기억을 떠올렸지요.

저니의 옆에는 여전히 엄마와 아빠가 없지만, 사진을 통해 엄마와 아빠의 사랑을 느낍니다. 사진 속에서 두 사람은 저니를 보며 한껏 웃고 있습니다. 저니는 더 이상 부모의 사랑을 의심하지 않을 이유를 찾았고, 불안하던 마음도 가라앉았어요. 이렇듯 사진은 찍을 당시의 추억도 담고 있습니다.

사람은 수집가야

"사람은 수집가야."

- 『늑대의 눈』, 58쪽

　수집가는 관심 있는 것을 모으는 사람을 뜻합니다. 수집이라고 하면 나비 수집이나 우표 수집, 그림 수집 등이 떠오릅니다. 그렇다면 수집하는 이유는 뭘까요? 좋아하는 것을 가지면 조금 더 자세히, 자주 볼 수 있어서 그럴 거예요. 예를 들어 좋아하는 캐릭터의 피규어를 모으면, 2D로 보던 캐릭터를 손으로 만질 수 있습니다. 촉각까지 더해지니 만족스러울 수밖에요. 장식 효과도 있고, 희귀할수록 쾌감도 커지고요.

　그런데 그 수집의 대상이 동물이나 식물이라면 어떨까요? 사람들은 동물원이나 식물원에 있는 생물을 보면서 수집했다고 생각하지 않지요. 하지만 동물의 관점에서는 그럴 수도 있을 것 같아요. 피규어처럼 자신이 원하는 장소에 데려다 놓고 관찰하고 만져보기도 하니까요. 물론 식물원이나 동물원은 아주 즐거운 공간입니다. 다만 피규어와는 다르게 생명이 있는 대상이니 조금 더 신중할 필요는 있습니다.

한때 돌고래 조련사였던 분이 지금은 돌고래를 방사하고 보호하는 캠페인을 펼치고 있습니다. 돌고래에 대해 알아갈수록 수족관에 갇힌 돌고래가 얼마나 고통스러운지 알게 되었거든요. 돌고래는 집단 생활을 하는데, 잡혀서 수족관에 수용되는 과정에서 가족이 해체됩니다. 그러면 사람처럼 이별하는 슬픔을 느낀다고 합니다. 또한 돌고래는 지능이 높기 때문에 갇힐 때 심리적 고통이 커서 자살을 택하기도 한다는 충격적인 보고도 있습니다. 그러니 사람들의 호기심이나 즐거움을 위해 돌고래를 가둬두는 것은 옳지 않다고 판단한 것입니다.

그러나 달리 생각해볼 수도 있을 거예요. 살아 있는 동물을 죽여 박제해서 박물관에 수집해두면 당연히 나쁘지만, 위험한 생태계에서 벗어나 동물원 같은 곳에서 보호받는다면 나쁘지은 않지요. 특히 뿔도마뱀 같은 멸종위기 동물, 보호종의 경우에는 보호가 필요하니까요. 그러니까 사람이 수집가가 될지, 아니면 보호하는 사람이 될지는 선택입니다. 그런데 사람이 수집가라는 말에는 뼈가 있습니다. 개인의 욕심으로 동물의 고통을 외면하는 수집가가 아닌지 돌아보게 하는 말이지요.

노란 아프리카, 회색 아프리카, 초록 아프리카

그곳은 또 다른 아프리카, 회색 아프리카였다. 뜨끈뜨끈한 돌멩이, 가시덤불, 그리고 남쪽보다도 더 마른 풀이 많은 거대한 들판이었다.
— 『늑대의 눈』, 86쪽

『늑대의 눈』에는 노란 아프리카, 회색 아프리카, 초록 아프리카가 나옵니다. 주인공 아이가 본 풍경과 경험의 특징을 잘 살린 상징적 의미로, 아프리카를 색깔로 상상하는 것 자체가 무척 흥미로웠어요.

노란 아프리카는 끝없이 펼쳐진 사막이 있는 아프리카입니다. 아이가 상인 토아와 함께 지겹도록 터벅터벅 걸었던 사막이지요. 회색 아프리카는 뜨끈뜨끈한 돌멩이, 가시덤불, 마른 풀이 많은 들판이 있는 곳입니다. 양을 키우기 좋았는데, 양치기 할아버지의 수염과 새치 모두 회색입니다. 마지막으로 초록 아프리카는 나무가 많습니다.

아프리카를 색으로 나누는 것 자체가 재미있는 발상인 데다, 특징에 따라 딱 맞아떨어집니다. 장소뿐만 아니라 사람을 떠올릴 때도 특정한 색과 연관짓기도 하죠. 〈이상한 변호사 우영우〉라는 드라마에서 자폐스펙트럼 장애를 가진 여자 주인공은 친구를 '봄날의 햇살'에 비유했습니다. 봄과 햇살이라는 이미지가 더해지니까 밝고 따뜻한 노란색이 떠오릅니다.

이처럼 사람도 이미지에 따라 노란색, 파란색, 보라색 등 많은 색깔을 가지지요. 흔히 도시는 회색이라는 이미지가 있습니다. 이처럼 공간과 사람에 대해 색의 이미지를 더하는 것도 재미있는 일상을 만들지 않을까요?

그러니까 사방의 사물과 주변의 풍경을 색깔에 따라 자세히 들여다보는 것도 재미있습니다. 색깔로 사물을 관찰하다 보면 도시를 설계하고 사람들을 만나는 일이 조금 더 알록달록해지거든요. 지금 필요한 색깔은 무엇인지, 어떤 색깔이 끌리는지, 세상을 색과 연결시켜서 보면 즐거워질 거예요.

베포의 굳었던 혀도 풀려서

모모가 특유의 방식으로 열심히 들어주기 때문에 그럴 때면 베포의 굳었던 혀도 풀려서 적절한 단어를 찾아내는 것이었다.

- 『모모』, 50쪽

베포 아저씨는 말이 없는 사람입니다. 하지만 모모 앞에서는 떠오르지 않던 단어도 잘 떠오를 만큼 긴장이 풀립니다. 모모가 진심으로 들어주기 때문입니다.

제게는 이야기를 아주 잘 들어주는 친구가 있습니다. 저는 친구에게 고민을 마구 쏟아내다가 결국엔 어떻게 해야 할지 스스로 방향을 찾곤 합니다. 마찬가지로, 사람들은 답답한 일이 있을 때마다 모모를 찾아옵니다. 모모는 특별한 말을 하지 않아요. 그저 말을 잘 들어줄 뿐입니다. 그러면 사람들은 어느새 해결법을 스스로 찾아서 돌아갑니다. 모모가 지혜롭고 아는 것이 많아서 조언한 것도 아닙니다. 사람들 스스로 이야기하면서 마음속 실타래를 푸는 거지요.

저는 가장 중요한 교사의 태도가 경청하는 것이라고 생각합니다. 선생님이 아이들의 말을 잘 들어주면 아이들은 자신감이 생깁니다. 자신의 의견을 마음껏 펼쳐도 괜찮다는 믿음이 있어야 무슨 이야기든 할 수 있고, 그래야 글도 즐겁게 쓸 수 있으니까요. 배경지식과 정보를 전해줄 때도 아이들에게 주도권을 줍니다. 아이들이 스스로 호기심을 가지면 그렇게 알게 된 정보를 더 많이, 오래 기억하거든요. 주입된 정보와 지식 대신, 스스로 검증할 시간을 마련해주는 것이죠.

어느 때보다 소통의 중요성이 강조되는 요즈음에 유창하게 말을 잘하는 사람이 매우 매력적인 시대이지요. 그래서 경청만 하는 사람은 사뭇 자신을 드러내지 못해서 손해를 볼 때가 많습니다. 하지만 경청은 때때로 유창한 말 실력보다 더 강한 힘을 발휘하곤 합니다.

한국화에는 여백의 미가 있듯이, 배울 때도 여백이 중요합니다. 그 여백의 시간에 아이는 편안하게 자신의 생각을 떠올릴 수 있습니다. 작고 사소한 것이라도 자기 자신의 속도에 따라 감상하기 때문이죠. 요즘 어머니들은 아이들에게 많은 것을 가르치려고 합니다. 어른들의 논리에 아이들은 꼼짝없이 설득당합니다. 하지만 논리와 이성으로 설득하는 대신, 경청하고 감정을 수용해주기만 해도 아이들은 성장합니다. 소통은 완벽한 논리가 아니라 마음을 알아주는 것입니다. 머리로는 이해가 되어도 마음이 따르지 않으면 행동도 바뀌지 않기 때문입니다.

"(전략) 마누라쟁이를 잘 꼬아두었습니다요."

"'되어'라고 말해야 하네, 산초." 돈키호테가 말했다.

"'꼬아'가 아니라고."

"한 번이든가 두 번이든가." 산초가 대답한다. "제 기억이 잘못되지 않았다면, 제가 하고 싶은 말의 뜻을 아셨다면 지더러 단어를 고치라 바라 하지 마시라고 나리께 부탁드렸습니다만. 그리고 만일 알아듣지 못하시면 '산초야' 아니면 '악마야, 네가 한 말을 이해하지 못하겠다'라고 말씀하시라고요."

― 『돈키호테 2』, 108~109쪽

산초가 명확하게 자신이 원하는 것을 돈키호테에게 요구하는 장면입니다. 상대가 무엇을 말하는지 알면서도 말꼬리를 잡고 늘어지지 말라는 거지요.

누구의 말이든 경청하기는 힘들지만, 적어도 어린아이들의 말은 충분히 들어주려고 합니다. 아이들은 자신이 하려는 말과 생각이 명확하지 않기 때문에 충분한 연습이 필요합니다. 산초처럼 엉뚱한 단어를 쓰더라도 기다려주면 스스로 수정할 능력이 생깁니다. 정확하고 완벽한 단어를 쓰고 싶어서 차츰 말이 늘 것입니다. 그런 아이들이 충분히 연습할 수 있도록 모든 부모들이 모모가 되는 건 어떨까요?

밍기뉴, 슈르르까

글로리아 누나는 더 큰 처녀라는 사실도 잊고 내 손을 떨
치내고 몸을 흔들며 달려 들어갔다. 그리고 망고나무를 꺼안
았다.
"이 망고나무는 내 거야. 내가 먼저 발견했으니까."
안또니우 형도 타마린드 나무를 꺼안고 누나와 똑같이 말했
다. 나를 위해 남은 것은 하나도 없었다.

— 『나의 라임오렌지 나무』, 43쪽

『나의 라임오렌지 나무』에서 이사하는 집에 도착하자마자 제
제의 형과 누나들은 모두 나무 한 그루씩을 자기 것으로 만듭니
다. 튼튼하고 잘 자란 나무는 모두 형과 누나들의 차지가 됩니

다. 제제는 보잘것없는 라임오렌지 나무와 친구가 되어 밍기뉴와 슈르르까라는 이름을 지어줍니다. 그리고 친구처럼 매일 함께 놀면서 비밀 이야기를 나눕니다. 제제는 밍기뉴에게 병마개를 달아줍니다. 바람이 불어 부딪치면 망아지에 달린 은빛 박차 같다며 찬탄합니다.

저도 어렸을 적에 나만의 나무가 있었다면 참 든든했겠다는 생각이 들었어요. 『안네의 일기』에서 안네는 종이가 인간보다 참을성이 있다고 여기고 키티라고 부르는 일기장과 가장 친한 친구가 됩니다. 어릴 때는 괜히 상처도 받고 매일 일어나는 모든 일이 버겁기도 하고 그렇잖아요. 그럴 때 오롯이 내 편이 되어줄 마음의 친구가 있다면 용기와 위안을 얻겠지요.

어른인 뽀르뚜가 아저씨에게도 친구 같은 나무가 있습니다. '까를로따 여왕'이라서 '폐하'라고 부르고, 나무의 허락을 받고 그늘에서 쉽니다. 뽀르뚜가 아저씨는 모든 아이가 나무를 이해하는 행운을 얻는 건 아니라고 말합니다. 그렇다면 어떤 아이가 나무를 얻고 나무와 대화할 수 있을까요? 자연과 사물을 관찰하고 사랑할 줄 아는 아이가 아닐까요?

제제는 나무에게 사랑을 준 만큼 밍기뉴가 제제를 사랑스럽게 쳐다본다고 느낍니다. 그리고 라임오렌지 나무 아래 있을 때

편안함과 따뜻함을 느낍니다. 밍기뉴가 말을 가로채면 흘겨보기도 합니다. 그렇게 아낌없이 사랑을 주고받아도 배신하지 않는 무해한 존재가 바로 나무입니다.

박민규의 『카스테라』에서도 주인공은 냉장고와 같이 삽니다. 냉장고와 친구가 된다니, 이상한 사람으로 취급받기 딱 좋은 말이지요. 그러나 주인공은 냉장고의 소음이 특출났고, 자신이 불쾌할 만큼 외로워서 친구가 되었다고 이야기합니다. 특출날 만큼의 소음이라면 짜증이 났을 법도 한데, 그저 받아들이고 인정한 것이지요. 그 책을 읽을 즈음 우리 집 냉장고에서는 어마어마한 소음이 났어요. 박민규의 소설을 읽으며 관점을 바꾸었고, 냉장고의 소음을 고유의 음색으로 여기기로 했어요. 소음이 아니라 소리로 받아들이는 순간, 계곡물이나 새소리처럼 사물이 내는 고유의 진동이 되지 않을까 싶었거든요.

『학교에 간 사자』에서 여자아이는 잭톨이라는 친구에게 괴롭힘을 당합니다. 학교에 가는 것이 두렵습니다. 그러던 어느 날 사자 한 마리가 여자아이를 따라 학교에 같이 가줍니다. 사자는 여자아이를 지켜줍니다. 편을 들어주는 사자가 있다는 것만으로 용감해져서, 더 이상 잭톨에게 당하지만은 않습니다. 평소 잭톨에게 괴롭힘을 당하던 연약한 여자아이가 사자라는 강력한

동물을 마음속 친구로 삼는 순간 당당해질 수 있는 용기가 생긴 것이죠.

라임오렌지 나무, 일기장, 냉장고, 마음속의 사자와 친구가 되는 것은 현재 내가 가진 결핍과 욕망을 해소하기 위한 장치입니다. 사람이 아니기에 말이나 행동으로 소통하는 것은 아니지만 내면과 소통하는 매개 역할을 합니다. 무슨 일이 생기면 일기장에 이야기를 쏟아내는 것처럼, 사물이나 상상의 동물이 일기장 역할을 해준 셈이죠.

원수에서 절친으로

"그러면 내가 태워주마."

"탈 수 없어요. 우리는 원수잖아요."

"그런 것은 상관없다. 내가 집 앞까지만 학교에 조금 못미쳐서 내려주마. 어떠냐?"

— 『나의 라임오렌지 나무』, 178쪽

제제는 발에 유리 조각이 박혀서 절뚝거리며 학교에 갑니다. 뽀르뚜가 아저씨는 제제를 태워주겠다고 합니다. 제제는 그를 '원수'라고 하면서 타지 않겠다고 합니다. 얼마 전, 아저씨의 지프차에 박쥐처럼 붙어 있다가 망신을 당하고는 원수라고 여겼거든요.

그러나 뽀르뚜가 아저씨는 제제를 의사에게 데리고 가서 치료받게 해줍니다. 치료가 끝나자, 아저씨는 음료수와 케이크, 사탕을 사주고는 집 근처까지 데려다줍니다. 제제에게 '용감한 사내'라고 칭찬도 해줍니다. 그때부터 아저씨는 제제에게 소중한 사람이 되었습니다. 원수에서 절친이 된 거지요. 아저씨와 점점 친해지면서, 제제는 아저씨에게 진짜 아빠가 되어달라고 할 만큼 마음을 엽니다.

내 마음 깊은데로 그가 다가왔다. 아무 소리없이 박힌 가시처럼 뿌리깊이 아팠다. 그 고통의 가시가 내게 박힌 순간부터 나는더이상 어린애가 아닐

– 『나의 라임오렌지 나무』, 182쪽

제제는 자신에게 창피를 준 사람의 차를 타는 것이 부끄러웠지만 나중에는 비밀이 생긴 것 같아서 마음에 듭니다. 제제가 가족들의 이야기를 할 때마다 뽀르뚜가 아저씨는 잘 들어주고, 아이의 눈높이에서 반응하고 호응합니다. 아빠와 누나에게 맞은 후 제제가 찾아간 사람도 뽀르뚜가 아저씨였지요. 함께 소풍도 갑니다. 이렇듯 첫인상은 별로였지만 차츰 마음이 맞는 친구도 있습니다. 제제와 뽀르뚜가 아저씨의 만남이 그랬던 것 같네요.

친구가 되는 데는 오랜 시간이 걸립니다. 특히 많은 일을 같이 경험할수록 사이가 더 돈독해지지 않을까 싶습니다. 어릴 적에 저는 겁이 많아서는 친구와 싸우면 큰일 나는 줄 알고 솔직하게 내 감정을 말하기보다는 무조건 친구에게 맞춰주었던 것 같아요. 그래서 제제와 뽀르뚜가 아저씨의 우정이 참 부러웠습니다. 제제는 아저씨에게 미운 마음도, 좋아하는 감정도 아주 솔직하게 드러냈고, 그만큼 더 깊은 친구가 될 수 있습니다. 티격태격하면서도 오랜 시간 우정을 유지하는 친구들을 보면 범접할 수 없는 깊은 우정이 느껴집니다.

PART 3

올바른 아이로 키우는
한 구절

눈부시게 아름다운

"바로 이 순간에 해가 구름을 뚫고 나왔다. 햇살이 황금 깃털 위로 떨어지자 모두는 눈을 돌렸다. 그리는 진짜로 눈부시게 아름다웠다!"

— 『늑대의 눈』, 43쪽

'눈부시게 아름'답다는 구절은 구름을 뚫고 나온 햇살이 황금색 늑대의 털에 쏟아지는 모습을 표현한 것입니다. 햇빛이 강해서 눈이 부시기도 하지만, 너무 아름다워서도 눈이 부시거든요. 화려하고 밝게 빛나는 이미지가 그려지지 않나요?

'아름답다'고 느껴지는 장면은 참 많아요. 딱딱한 나뭇가지에 붙어 있던 겨울눈이 연둣빛 새싹을 피울 때, 영화에서 여자 주인공이 넉넉하고 온화한 미소를 지을 때, 안동의 한옥집 한 켠에 옹기들이 땅에 파묻혀 있는 것을 볼 때, '너울너울, 자박자박, 희끗희끗, 알콩달콩, 꾸역꾸역'처럼 생동감 있는 우리말을 들을 때, 권정생 작가의 『용구 삼촌』에서 온 마을 사람들이 삼촌을 찾으러 다닐 때처럼요. 이런 아름다움은 눈으로 보일 뿐 아니라 마음으로 느껴집니다. 마음이 따뜻해지고 생기가 돌며 편안하기도 하지요.

그런데 아름다운 데다가 눈부시기까지 한 경험은 많지 않아요. 반짝반짝 빛나는 액세서리, 봄볕을 받아 분홍으로 물든 벚꽃, 여주 신륵사에 600년 된 은행나무에 달린 노란 은행잎을 보고 눈이 부시게 아름답다고 느꼈어요. 이런 외적인 아름다움은 화려함이 극대화된 것입니다. 아름다운 것이 마음을 따뜻하게 한다면, 눈부시게 아름다운 것은 마음을 뜨겁게 합니다. 두근두근 설레거나, 덩달아 환해지거나, 풍요로워지는 느낌이죠.

사람도 유독 반짝반짝 빛나고 아름다운 사람들이 있습니다. 몸과 마음이 '지금 이 순간'에 있는 사람들은 주변에도 에너지를 나눠줄 만큼 강렬하죠. 물론 미래나 과거를 돌보는 시간도 필요하지만, 현재 이 순간에 집중할 때 더욱 빛나는 것 같아요. 그런 사람은 태양처럼 내면도, 외면도 모두 빛납니다. 우리를 둘

러싼 사람이나 사물, 자연에서 눈부시게 아름다운 것을 많이 접할수록 삶은 풍요롭고 밝은 에너지로 가득 차게 됩니다.

'눈부시고 아름다운' 것의 가치를 알 때와 모를 때의 차이는 큽니다. 나와 내 주변에서 '눈부시게 아름다운' 것을 만나면 마음껏 감탄하고 즐길 수 있을 테니까요.

밤은 색깔들을 헝클어놓는다

밤은 우선 색깔들을 헝클어놓는다. 그다음에는 그림들을 지워버린다. 그러다가 결국 꺼져버린 이 눈 위로 늑대의 눈꺼풀이 스르르 내려앉는다. 늑대는 거기 그러고 있다. 소년을 마주보고 똑바로 앉아서.

　　　　　　　　　　　　　　　　　　－『늑대의 눈』, 60쪽

'밤이 색깔들을 헝클어놓는다'는 표현에 잠시 눈길이 멈춥니다. 기계적이고 습관적인 표현은 술술 읽히지만, 이런 표현은 뜸을 들여 생각하게 되죠.

'헝클어버린다'는 건 뒤죽박죽 뒤섞이는 모양입니다. 밤이 되면 낮에 보았던 알록달록한 색이 무채색으로 보이곤 하잖아요. 색깔이 사라진다거나 어두워져서 색이 잘 구분되지 않는다는 뜻을 사뭇 다르게 표현하여 매력적입니다. 색깔이 사라진다는 말 대신 헝클어놓는다고 하니까 '밤'이 주체적인 존재가 됩니다. 거기다가 '그림들을 지워버린다'는 표현은 '밤'이 유령이나 호랑이처럼 나타나 장난치는 것처럼 들려요.

세상의 만물을 '사람'의 관점으로 바라보던 것을 밤이나 비, 나무, 아스팔트 같은 사물의 관점에서 바라보면 세상을 거꾸로 보는 듯 느껴져요.

비가 아스팔트로 뛰어내린다.
초록 나뭇가 바람을 만나 잎을 흔들며 악수한다.
도시 한가운데 쑤욱 홀로 선 크레인은 발이 묶인 거인
아스팔트는 검은 몸으로 한여름의 열기를 먹어버리지.

이렇듯 사물의 관점으로 바라보는 상상력이 쌓이면 '나' 중심의 사고에서 벗어나 훨씬 다양한 입장을 알아갈 수 있어요. 아이들은 무생물에 생명을 부여하여 흥미와 관심을 지속할 수 있습니다. 또한 주체화된 사물에 대해 공감대를 형성하면 타인의 관점으로 확장해나갈 수 있지요.

이름에는 이야기가 들어 있어

소년은 이름이란 이야기가 들어 있지 않으면 아무 의미도 없다는 것을 잘 안다. 동물원의 늑대나 마찬가지가 된다. 살아온 이야기를 모르면 다른 동물과 하나도 다를 것이 없는 그저 한 마리 짐승일 뿐이다.

— 『늑대의 눈』, 71쪽

이름에는 이야기가 들어 있습니다. 김춘수의 「꽃」이라는 시가 떠오르네요.

내가 그의 이름을 불러주기 전에는
그는 다만
하나의 몸짓에 지나지 않았다.

내가 그의 이름을 불러주었을 때

그는 나에게로 와서

꽃이 되었다.

　이름을 불러주면 특별한 의미로 다가옵니다. 우리 아이는 어렸을 때 사슴벌레를 알에서 성충으로 키운 적이 있어요. 플라스틱 통 5개에 알을 나누어 넣어두고 부화하길 기다리면서, 각각 '어린드, 이국이, 사랑이, 이리스' 등의 이름을 붙여주었어요. 이름에는 특별한 뜻이 없었지만, 이름이 적힌 메모지를 통에 붙이자 알은 특별해졌습니다. 아이는 매일같이 아이가 번데기가 되었는지, 벌레가 어디에 숨어 있는지 관심을 가졌어요.

　한때는 고양이를 키우고 싶다며 날마다 저를 졸랐습니다. 어찌나 저를 따라다니며 조르는지 바람을 들어줄까 싶어서 고민해보기도 했어요. 하지만 역시나 생명을 키울 자신이 없었습니다. 어마어마한 책임감이 따르기 때문이죠.

　그렇게 고민하던 어느 날, 근처에 길냥이가 있으면 매일 돌봐주는 일부터 해보자고 제안했습니다. 길냥이를 찾아 아파트 주변을 빙글빙글 돌아보아도 찾기가 쉽지 않았어요. 한참 찾다가 힘만 빠져서 털레털레 돌아오는데, 아파트 안에 길냥이들의 안

식처가 있더라고요. 등잔 밑이 어두웠던 거죠.

"저기 가면 고양이 집도 있고, 고양이 가족들이 다 있어요!"

고양이를 찾는 우리에게 한 꼬마가 알려주었어요. 아파트 사람들이 이미 돌봐주던 고양이들이었지요. 고양이들이 머무는 곳 근처에는 집과 먹이통, 담요 등이 있었어요.

다음 날, 간식을 들고 찾아갔습니다. 그리고 코에 점이 있는 고양이에게 '점코'라는 이름을 붙여주었어요. 총 5마리의 고양이가 있었지만, 이름을 지어준 순간 점코는 다른 고양이들과 다르게 특별한 의미를 가지게 되었지요. 김춘수 시인의 말대로 꽃이 된 거예요.

우리 아이는 점코를 돌보면서 용돈을 아껴 고양이 간식을 사고, 몇 시간이나 점코를 지켜보다가 어스름한 저녁에야 집에 올 때도 있었지요. 이렇듯 점코는 아이에게 가장 의미 있는 고양이가 되었습니다.

〈센과 치히로의 행방불명〉이라는 일본 애니메이션에서도 이름은 중요한 의미를 지닙니다. 영화를 보며 '센은 대체 언제 나오는 거야?' 궁금해했죠. 그런데 '치히로'가 바로 '센'이었어요. 마녀의 왕국에서는 자신의 이름을 찾지 못하면 집으로 돌아갈 수 없어요. 그래서 치히로의 이름을 잃어버리게 하려고 바꿔 불렀던 거죠. 대부분의 존재는 이름을 잃고 돌아갈 수 없지만, 센은 하쿠의 도움을 받아 이름을 찾아 집으로 돌아갑니다. 그러니까 이름을 잃어버린다는 건 자기 자신을 잃는 셈이라 길을 잃는 거예요. 이름을 지키는 것이 곧 자기 자신을 지키는 것이죠.

중요한 일이나 약속에 "내 이름을 걸고!"라고 하죠. 이처럼 이름에는 '나'라는 사람이 들어 있어요. 살아가면서 자신의 이름에 이야기를 담아갑니다. 어떤 이야기를 담고 싶은가요? 이름에 단순히 불리는 것 이상의 의미가 있다는 것을 알면 나의 삶도, 이름도 소중하다는 생각이 들지 않나요?

꿈은 불꽃을 간직한다

이전보다 가슴속에서 타오르는 희망의 불꽃이 한결 작아졌던 것이다. 하지만 그 밝기와 타오르는 힘은 여전했으며, 거의 매일같이 앞으로 자신이 만들 도자기를 상상하며 희망의 불꽃을 지켰다.

– 『사금파리 한 조각』, 113쪽

매운 음식을 좋아하는 사람이라면 "두 번 다시 안 먹을 거야!" 할 만큼 매운맛에 혼났다가도 시간이 지나면 언제 그랬냐는 듯 다시금 매운맛을 찾곤 합니다.

축구 선수가 되고 싶은 한 친구는 하루 10시간씩 공을 차고 싶을 만큼 축구를 사랑했습니다. 그런데 어느 날부터 그 꿈이 시들해지기 시작하면서 축구에 대한 꿈이 식고 축구를 그만둡니다. 그러다가 우연히 손흥민 선수가 멋지게 골을 넣는 모습을 보며 또다시 가슴이 설렜고, 축구 선수가 되고 싶다고 다시금 생각했지요.

이렇게 꿈에 대한 열정은 때로는 뜨겁게 타올랐다가 때로는 멀어지기도 하고 다시 찾아오곤 합니다. 매운 음식처럼 고개를 절레절레하고도 또 생각이 나서 계속 찾는 것처럼요. 매운맛에 중독성이 있는 것처럼, 꿈도 중독성이 있어요.

『사금파리 한 조각』에서 목이는 아름답고 정교한 도자기를 만드는 도공이 되는 것이 꿈입니다. 민 영감이라는 도공 밑에서 장작 구하기, 진흙 나르기 등 온갖 힘든 일을 하면서도 도자기를 만들겠다는 꿈을 잃지 않아요. 꽤 긴 시간을 갖은 고생을 하면서도 꿈에 대한 설렘을 잃지 않지요. 그런데 목이도 꿈이 살짝 식을 때가 있었어요.

목이도 꿈에 대한 소망이 커졌다 작아졌다 하는 걸 보니, 사람 마음은 너나 없이 참 비슷하죠? 하지만 목이는 열망의 불꽃이 살아 있다는 걸 알아요. 불꽃이 꺼지지 않았기에 언제든 활활 타오를 수도 있고요. 목이는 그 불꽃을 지키려고 '자신이 만들 도자기'를 상상합니다. 축구 선수가 꿈인 친구가 자신이 멋지게 슈팅하는 모습을 상상해보는 것처럼요. 꿈의 불꽃이 작아지기도 하고 커지기도 한다는 것을 알면 조급함이 줄어들 거예요. 꿈이 시들해졌다고 해도 여전히 심지는 살아 있으니 미리부터 포기할 필요는 없다는 말이지요. 만약 불꽃이 더 이상 타오르지 않더라도 심장이 두근거릴 또 다른 꿈을 꾸면 됩니다.

연습하기 싫어서, 공부하기 싫어서 꿈을 포기하는 건 아쉬운 일이에요. 그저 힘든 마음을 잠시 토닥여주고 다시 하면 돼요. 누구나 그럴 때가 있거든요.

목이는 '가장 고상한 모양의 매화 꽃병'을 만드는 상상을 하며 자신의 꿈을 지켰어요. 지금 당장 마음이 식었다고 포기하는 대신, 느긋하게 상상해보세요. 축구 선수가 되어 멋진 슛을 날리는 모습, 피아니스트가 되어서 수많은 사람 앞에서 연주하는 모습, 의사가 되어 환자의 병을 낫게 하는 모습을요.

저는 이 구절을 읽고, 우리 아이들이 꿈에 대해 조급하게 생각하지 않기를 바랐습니다. 꿈이 수백 개가 넘든, 꿈이 없든, 꿈이 자꾸 바뀌든, 조급해할 필요가 없습니다. 어른들도 살아가면서 꿈이 바뀌곤 하니까요. 다만 힘들어서 포기하고 싶을 때 목이를 떠올려본다면 힘이 나지 않을까요?

깨진 도자기

"이 사금파리가 저희 선생님의 솜씨를 아낌없이 보여주고
있다고 생각합니다."

– 『사금파리 한 조각』, 280쪽

『사금파리 한 조각』에서 목이의 임무는 민 영감의 도자기를
안전하게 궁궐로 가져가는 거예요. 하지만 도자기는 절벽에서
떨어져 산산조각이 나고 맙니다. 산에서 강도들을 만났거든요.
설마 했는데 진짜 깨지고 만 거지요.

강도들 때문에 깨진 도자기는 궁궐로 가져갈 수 없어요. 그런
데 목이는 절망적인 상황에서도 포기하지 않아요. 온전한 도자
기는 아니지만 깨진 도자기 조각으로도 민 영감의 도공 실력은

증명할 수 있다고 여긴 거지요. 그래서 낭떠러지 아래로 내려가 깨진 도자기 조각, 즉 사금파리 한 조각을 챙깁니다. 조각난 도자기여도 민 영감의 정교한 솜씨가 남아 있는 것을 확인할 수 있습니다.

궁궐에 도착한 목이는 '사금파리 한 조각'만 챙겨 갔어도 매우 당당합니다. 더 이상 잃을 것이 없는 막다른 골목이었기 때문입니다. 목이는 포졸들 앞에서도 눈썹 하나 까딱하지 않고 당당하게 서서 감도관 김 씨를 만나겠다고 말합니다. 마침내 감도관을 만난 목이는 사금파리 조각에 남아 있는 비색 광채와 상감 무늬로 작품성을 입증했고, 주문까지 받아냅니다.

목이는 역경의 순간을 이겨내고 임무를 완수했습니다. 도자기가 깨졌을 때 쓰라린 마음에 스스로를 책망하기도 했지만, 사금파리에 남은 빛깔과 무늬를 보면서 희망을 찾았습니다. 어쨌든 결심이 확고해지자 목이는 머뭇거리지 않고 송도로 향합니다. 목이 옆에는 목이를 위로해줄 친구는 물론이고 어리광을 받아줄 어른도 없습니다. 왕실의 감도관이 온전한 도자기를 가져오지 않은 목이에게 엄벌을 내릴지도 모르는 상황이었지만, 목이에게는 자신이 맡은 임무에 대한 책임감과 문제를 해결하려는 의지가 있었습니다.

그러므로 일이 잘 풀리지 않을 때는 '스스로 문제를 해결하려는 의지'를 가지고 '문제의 핵심을 파악하기'라는 해결 방식을 떠올리면 도움이 됩니다.

예를 들어볼게요. 어느 날 우리 아이가 떡볶이도 먹고 싶고 어묵탕도 먹고 싶다고 했어요. 그런데 냄비가 하나밖에 없어요. 그러면 어떻게 해야 할까요? 이럴 땐 아이가 스스로 해결하기로 마음먹고 문제 해결의 핵심을 생각해보게 하는 겁니다. 냄비 하나로 두 가지를 모두 먹는 것이 핵심이에요. 그렇다면 냄비에 양념이 덜 묻는 어묵탕을 먼저 끓이고 그다음에 떡볶이를 만들면 되겠지요?

신사임당의 이야기도 있어요. 신사임당이 어렸을 때, 어느 여인이 치마폭에 음식물이 튀었습니다. 그러자 신사임당은 그 여인의 치마폭에 포도 그림을 그려서 문제를 해결해주었어요. 옷감이 귀하던 시절이라 그림을 엉망으로 그리면 오히려 난감해질 수도 있었겠지만, 신사임당은 치마에 묻은 얼룩을 작품으로 승화할 수 있다는 믿음이 있었던 것 같아요. 문제를 해결하겠다는 의지와 문제 해결의 핵심을 잘 파악한 것이지요.

『곰 사냥을 떠나자』라는 책에서도 이런 위기 상황이 닥칩니다. 날씨 좋은 날, 곰을 잡으러 신나게 떠난 가족 앞에 우거진 풀밭이 나타납니다. 위로도, 아래로도 갈 수 없습니다. 그때 "헤치고 지나가면 되잖아!"라며 길을 만들어 나아갑니다. 목이가 깨진 도자기를 들고도 당당하게 찾아갈 수 있었던 건 임무를 다하겠다는 확고한 의지가 있었기 때문입니다. 목이를 통해 과감하게 결단해야 할 때를 경험하게 됩니다.

꼬리의 움직임

사벨로또도는 소르바스의 이야기를 주의 깊게 들었다. 마침
내 사벨로또도는 고개를 끄덕이며 동감을 표시했다. 그는 소
르바스의 얘기에 공감할 때면 꼬리의 움직임이 유난히 예민
해졌다. 자신의 감정을 꼬리의 움직임으로 표현하는 것은 그
만의 습관이었다.

– 『갈매기에게 나는 법을 가르쳐준 고양이』, 54쪽

사벨로또도는 친구의 얘기에 동감할 때면 꼬리를 움직이는
데, 자신의 감정을 표현하는 그만의 습관입니다.

자신도 모르게 짜증이 나고 신경이 예민해질 때가 있습니다.
그럴 때면 스스로도 당황스럽겠지만, 주위 사람도 당황하겠지

요. 자칫 감정이 상하고 타인과의 관계뿐 아니라 자신과의 관계도 나빠집니다. 감정을 예측할 수 있다면 이를 조절하기가 쉬워질 것입니다.

사벨로또도가 자신의 감정을 꼬리로 표현하는 습관이 있다는 것은 두 가지로 해석할 수 있습니다. 하나는 습관이고, 하나는 생물학적 행위입니다.

먼저 자신의 습관을 통해 감정을 알아차리는 것에 대해서 생각해보겠습니다. 예를 들어 자신이 짜증을 낼 때 하는 행동을 자세히 살펴보면 원인을 찾아낼 수 있을 것입니다. 감정의 습관을 파악하면 자신의 행동도 예측할 수 있습니다. 감정은 이성이나 의식으로 제어하기 어려운 것이지만 자신의 행동을 예측하면 준비는 할 수 있겠지요. '지금 내가 힘들구나', '좀 피곤한가보다'라고 이해하면 짜증을 내는 대신 휴식을 취하거나 산책하며 기분을 전환할 수 있을 것입니다.

심리학에서는 한숨을 쉰다거나 얼굴이 빨개지는 등 무의식적인 행동이 어떤 감정과 연관이 있는지 알아차리는 것을 '알아차리기 기법'이라고 합니다. 인간의 정신과 신체가 연결되어 있다고 여기고, 지금의 욕구와 감정을 알아가는 거죠.

한편 감정을 표현하는 매개가 언어가 아닌 '꼬리'라는 신체

부위임을 살펴봅시다. 다윈과 제임스, 랑게는 신체적 변화가 곧 감정이라고 주장했습니다.(「도덕성 발달을 위한 감정교육의 의미와 방법 연구」, 문기숙, 연세대, 2005년 논문) 그렇다면 '행위'의 관찰을 통해 감정에 대한 관철이 가능하겠지요. 나와 타인의 행동을 통해 감정의 유형을 알아차리면 갈등도 현저히 줄어듭니다. 나와 상대방의 감정을 예측할 수 있기 때문이지요. 어쩌면 말보다 움직임이나 행동을 먼저 살펴보는 것이 진실에 가까울지도 모릅니다.

　나 자신의 행동을 지켜보는 건 '알아차리기'이고, 타인의 행동을 지켜보는 건 '관심'의 시작입니다. 지켜보는 것은 나와 타인 사이의 갈등을 줄이고 이해의 폭을 넓히는 시작일지도 모릅니다.

악착스레 버티어온
절름발이 다리가 무너져

몽실은 영득이를 떠올렸다. 영순이도 떠올렸다. 이젠 모두
가 이렇게 뿔뿔이 헤어져버린 것이다. 몽실이 그토록 악착스
레 버티어온 절름발이 병신 다리가 이렇게 허무하게 무너져
내린 것이 서러웠다.

— 『몽실 언니』, 227쪽

몽실이에게는 3명의 동생이 있습니다. 아빠와 북촌댁 사이에
서 태어난 난남이, 엄마와 김 씨 아저씨 사이에서 태어난 영득
이와 영순이입니다. 몽실이는 자신도 어리지만 돌봐야 할 동생
을 먼저 생각합니다. 다리도 불편하고 가난해서 먹을 게 없어도
동생들을 먼저 보살핍니다. 힘들게 구한 쌀을 자신은 먹지 못해

도 동생 난남이가 먹는 모습만 봐도 행복해합니다. 몽실이는 동생들이 있어서 힘든 시간을 잘 버틸 수 있었습니다. 그리고 건강하지 못한 아버지와 새어머니를 돌보면서도 언제나 최선을 다합니다. 그러다가 난남이가 부잣집으로 입양 가자, 몽실이는 세상이 무너져 내리는 것만 같습니다.

난남이가 입양을 가면 힘들게 돌보지 않아도 되고 혼자서 더 자유롭게 지낼 수 있습니다. 그런데 몽실이는 오히려 허무하게 무너져 내렸다고 생각합니다. 가난해서 힘들어도 가족과 함께 지내고 싶었던 거죠. 몽실이는 몸은 힘들어도 동생이 있어서 더 열심히 살 수 있었어요. 동생을 돌보겠다는 목표가 삶의 동력이 된 것이지요. 혼자 지내면 몸은 덜 힘들지만 외롭고 삶의 의미가 없는 듯 느꼈던 것입니다. 몸이 편하다고 마음도 편한 건 아니에요.

조각난 삶의 가느다란 실오라기를 엮어 하나의 확고한 형태를 갖춘 의미와 책임을 만들어내는 것

– 『죽음의 수용소에서』, 15쪽

『죽음의 수용소에서』에서는 유대인 강제 수용소에서 삶에 의

미를 부여한 자들이 살아남았다고 이야기합니다. 삶이 산산조각 난 상태에서도 실오라기 같은 희망과 의미를 부여한다면 현재의 고난을 버틸 수 있지요. 특히 1944년 성탄절 이후 일주일간 사망률이 급격히 높아졌다고 하는데, 성탄절이 되면 집으로 돌아갈 수 있다는 막연한 희망이 그들을 버티게 했지만 성탄절이 지나자 그 희망이 사라졌기 때문이에요. 이처럼 혹독한 추위와 굶주림도 견디게 해주는 것이 희망이고 삶의 의미임을 잘 보여줍니다.

그러니까 몽실이에게는 가난과 신체적인 고통에서도 보살필 동생들이 삶의 의미였던 것입니다. 동생이 없어지면 궁핍함은 덜하겠지만 버틸 수 있는 삶의 동력을 잃는 것과 같습니다. 몽실이는 절름발이 다리로 살아가는 것이 힘든 것이 아니라 동생과 함께 살지 못하는 것이 더 비극적이었던 것입니다.

어려운 환경을 경험하지 못한 요즘 아이들은 몽실이의 마음이 '허무하게 무너져 내린' 이유를 이해하기 힘들지도 모릅니다. 희망과 삶의 의미를 갖는 것이 왜 중요한지 부모님이 설명해주면 도움이 되지 않을까요?

머릿기름 대신 돼지기름

동생의 머리는 숟가락 차분해지지 않았다. 무슨 수를 써야 할 것 같았다. 사방을 둘러보았지만 쓸 만한 것이 보이지 않았다. 포마드로 머릿기름도 없었다. 부엌으로 가서 손끝에 돼지기름을 약간 묻혀 왔다.

— 『나의 라임오렌지 나무』, 56쪽

동생은 때로는 귀엽지만 때로는 귀찮은 존재입니다. 아이들이 동생과 놀아주는 모습을 보고 있으면 신통하고 놀라울 때가 많습니다. 지금은 대학생이 된 조카가 8살이었을 때, 4살 터울의 동생이 균형을 잘 못 잡아서 바닥에 머리를 쿵, 찧곤 했지요. 그때 8살짜리 누나가 생각해낸 방법이 '이마에 손수건 붙여주기'였어요. 손수건을 붙이니 이제는 앞으로 넘어져도 이마를 다치지 않겠지요. 동생을 걱정하는 마음이 신박한 아이디어를 샘솟게 한 거예요.

『나의 라임오렌지 나무』에서 제제도 동생 루이스를 돌보면서 그럴듯한 방법으로 문제를 해결합니다. 크리스마스 선물을 공짜로 나눠주는 곳에 가기 전에 동생의 머리에 기름을 바르고, 빗질을 하고, 옷을 갈아입힙니다. 아껴 신어야 할 운동화까지 신기면서 '예수와 분간이 안 될 정도'로 '너만큼 예쁜 애는 없을' 테니 선물을 많이 받을 수 있을 거라고 장담합니다. 이때 머릿기름이 없으니, 대신 부엌에 있는 돼지기름을 발라주는 모습이 인상적입니다. 머릿기름이 없다고 포기하는 대신 동생을 예쁘게 꾸며주겠다는 확고한 결심으로 대안을 찾아낸 것입니다. 엉뚱한 듯하지만 영리하게 문제를 해결한 셈이죠.

그 외에도 선물을 받으러 가는 내내 제제가 동생을 위해 문제를 해결하는 장면이 나옵니다. 선물을 나눠주는 장소는 어린 루이스에게는 너무 멀어서 자꾸 걸음이 뒤처지거나 힘들다고 말합니다. 그럴 때 제제는 동생을 안고 걸어갑니다. '납덩이처럼' 무겁다고 여기면서 숨을 헐떡이면서도 말이죠. 동생이 발이 아프다고 하면 신발 끈을 느슨하게 풀어줍니다. 마침내 녹초가 되어 그 장소에 도착할 때까지 동생을 잘 보살펴주지요.

형제는 최초의 놀이 친구입니다. 교사이자 절친한 친구이기도 하고, 때로는 경쟁하면서 다양한 역할을 수행합니다. 그러므로 부모와 다른 경험을 제공하여 성숙한 인간으로 성장하는 데 중요한 역할을 하지요. 특히 제제는 동생에게 이타적인 행동을 보여줍니다. 빕 라타네와 존 달리는 이타적인 사람은 너그럽고 도움 주기를 좋아하여 감정 교류가 빠르고 사회적 책임감도 강하다고 했습니다.

동생이 있으면 좋겠다고 하던 아이들도 막상 동생이 생기면 귀찮아합니다. 그래도 자신보다 연약하고 어린 동생이 울면 우유도 먹이고 기저귀도 확인하고 장난감을 흔들어주기도 하죠. 동생 돌보기는 나보다 약한 사람을 배려하는 이타심을 배우고 몸에 익히는 좋은 기회입니다. 자기보다 연약한 존재를 살뜰히 챙기는 과정에서 아이들은 이타심을 경험합니다. 특히 동생이나 반려동물을 대하며 자연스럽게 체득되지요. 이타심은 아이들의 심리에 긍정적인 효과를 미칩니다.

제제는 악마

－『나의 라임오렌지 나무』, 188쪽

　제제는 낡은 스타킹으로 장난칠 기회만 노리고 있습니다. 어느 날 밤 여자가 걸어오는 것을 보고는 스타킹이 뱀인 것처럼 스타킹을 잡아당깁니다. 여자는 소리를 지르며 여섯 달 된 배 속의 애가 떨어지려 한다고 말합니다. 이웃 사람이 그녀를 데리고 들어갑니다. 뒤늦게 사태를 파악한 제제는 두려움에 떨며 숨고, 누나는 빨래통에 숨은 제제를 찾아냅니다. 제제는 가족들에게 혼나고 매를 맞습니다. 그래놓고는 다음 날, 낡은 스타킹을 찾으러 나갑니다. 또 써먹기 위해서죠.

이렇듯 제제의 장난은 끝이 없습니다. 제제 때문에 어른들은 늘 곤란해합니다. 제제는 옆집 울타리에 불을 내고, 동네 아줌마한테 안짱다리라고 말해서 미움을 받아요. 공을 차서 또 다른 집의 거울을 깨기도 하고, 새총으로 전등을 깨먹기도 하죠. 지나가는 아이의 머리에 돌을 던지거나 고양이에게 구슬을 먹이기도 하고 화장실에 가기 귀찮아서 극장 안에서 소변을 보기도 하죠. 그런 장난을 칠 때마다 어른들은 제제를 때리고 욕했습니다. 제제는 자신이 끝없이 장난치는 것은 자기 안에 있는 악마 때문이라고 생각하고 자신이 악질이라고 말합니다. 제제도 장난이 심하다는 것을 잘 알고 있어요. 그렇지만 충동이 일면 참을 수가 없습니다.

그런데 제제는 정말 악마일까요? 울타리에 불을 낸 건 호기심 때문입니다. 아줌마에게 안짱다리라고 말한 건 거짓말을 하지 못하기 때문이에요. 공을 차다가 거울을 깨뜨린 건 주의력이 떨어져서고요. 아이의 머리에 돌을 던진 건 실수였어요.

흔히 장난꾸러기, 말썽꾸러기, 개구쟁이 등으로 불리는 아이들은 산만하다거나 주의력이 부족하다고 지적받습니다. 하지만 그 아이들에게도 나름의 이유가 있어요. 장난치는 것을 좋아하는 아이들은 관찰을 좋아합니다. 호기심을 느낀 것을 직접 눈으로 확인하고 이를 행동으로 옮기는 거죠. 호기심 때문에 상대방에게 피해를 주는 것까지는 생각이 미치지 못하는 거예요. 그러니까 무조건 하지 말라고 하는 대신, 이렇게 했을 때 상대방에게 피해는 없을지 질문을 던져보는 연습이 필요하지 않을까요?

콩알만 한 녀석

"콩알만 한 녀석!"

『나의 라임오렌지 나무』, 153쪽

『나의 라임오렌지 나무』에서 제제는 사람들 앞에서 망신을 당합니다. 제제가 지프차의 바퀴에 박쥐처럼 달라붙어 있다가 들키자, 차 주인은 제제의 귀를 잡아당기며 혼냅니다. 제제는 수치심을 느낍니다. 창피하고 부끄러운 마음은 지프차 주인에 대한 미움으로 확장됩니다.

동료들, 특히 젊은 동료들은 흔히 그를 '헌신적인' 교육자라고 불렀다. 부러움과 경멸이 반반씩 섞인 이 호칭은 그가 지

다친 원천으로 인해 강의실 밖에서 일어나는 일, 아니, 적어도
대학의 건물 밖에서 일어나는 일에는 눈이 멀어버렸다는 뜻
이었다. (중략) 회의가 끝난 뒤 젊은 강사가 "스토너 교수님은
성교/copulation를 항상 동사로만 생각하실 거야" 하고 말했다.

『스토너』, 308쪽

교수였던 스토너는 캐서린이라는 학생과 내밀한 관계를 맺은
후로 주위의 비난과 빈정거림을 감당해야 합니다. 게다가 평소
사이가 좋지 않았던 학과장 로맥스는 풋내기 강사조차 받아들
이지 못할 정도로 힘든 강의 시간표를 배정해줍니다.

교실에 들어서니 수십 개의 눈동자가 일제히 나를 향했다.
눈물이 쏟아지려는 것을 꾹 참고 언제나 편안함을 느낄 수 있
었던 세리의 옆자리에 앉았다.
하지만 세리는 내게 눈도 돌리지 않고 앞만 뚫어지게 바라
보고 있었다. 나는 세리를 바라볼 용기를 낼 수가 없었다. 순
간 눈물이 흘러 책상 위로 떨어져 내렸다.

『나는 그때 왜 비겁했을까』, 218쪽

주인공 아만다는 장애를 가진 친구와 친하게 지내다가 궁지에 몰리자 친구를 배신합니다. 그 일로 주변 사람들은 아만다에게 크게 실망합니다. 학교에 이 사실이 알려지자, 아만다는 수군거림과 비난을 받습니다. 언제나 내 편일 것 같았던 세리까지도 등을 돌립니다. 이런 상황에서 아만다는 세리의 외면을 받아들이기로 합니다. 자신이 감당해야 할 일이라고 생각하기 때문이죠. 아만다는 이런 역경에서도 꾸역꾸역 학교에 다닙니다. 모두가 비난의 시선으로 쏘아본다면 어른도 도망가고 싶을 텐데 말이죠.

'수치심'은 잘못된 행동을 하고 느끼는 불편한 느낌, 타인이 주는 망신으로 인한 감정, 혹은 자신이 할 일에 대한 후회나 실망 같은 감정입니다. 제제와 스토너, 아만다는 모두 자신의 잘못된 행동으로 인해 타인이 주는 망신을 감당해야 하지요.

수치심이라는 감정은 꽤 불편합니다. 학창 시절 수학여행 때 짝꿍이 정해지지 않아서 남들이 어떻게 볼지 속으로 안절부절못한 기억이 있습니다. 하지만 나의 잘못이 아니라면 남의 시선 때문에 자신을 자책할 필요는 없겠지요.

책 속 주인공들이 수치심을 이겨내는 방법은 제각기 다릅니다. 제제는 위험한 장난을 쳤다고 혼낸 사람을 미워하지요. 스토너는 오랫동안 동료들에게서 외면당했고 풋내기 강사보다 못한 대우를 받으면서도 묵묵히 그 시간을 견뎌야 했습니다. 아만다는 부모의 도움이나 개입으로 문제를 해결하는 대신 장애인 친구에게 진심으로 사과합니다.

　스토너와 아만다를 보면서 자신의 잘못을 인정하고 받아들이는 태도가 중요하다는 것을 깨닫습니다. 특히 아만다는 한 번의 노력으로 해결되지 않아도 포기하지 않습니다. 자신이 사람들 앞에서 소외당하는 부끄러움보다 친구에 대한 진정 어린 사과와 뉘우침을 우선으로 생각했어요. 이렇게 수치심을 잘 해결하면 당당하고 멋지게 성장할 수 있는 거죠.

가장 아름다운 노래

아빠의 얼굴은 크리스마스 때만큼이나 슬퍼 보였다. 아빠를 위해 무엇인가를 하고 싶었다. 노래를 불러주는 건 어떨까? 내가 조용한 소리로 노래를 불러주면 아빠의 근심도 조금은 풀릴 것 같았다. 나는 머릿속에서 내가 아는 노래들을 떠올렸다. 그리고 아리오발두 아저씨에게서 배운 지 얼마 안 된 노래 하나를 기억해냈다. 그것은 탱고였다. 내가 여태 들었던 탱고 가운데 가장 아름다운 노래였다. 나는 조용한 목소리로 노래를 부르기 시작했다.

나는 벌거벗은 여자가 좋아
벌거벗은 여자를 위해

– 『나의 라임오렌지 나무』, 216~218쪽

　제제는 슬퍼 보이는 아빠를 위로하기 위해 자신이 아는 가장 아름다운 노래를 들려줍니다. 하지만 칭찬이 아니라 뺨을 후려치는 아빠의 손이 돌아오지요. 아빠는 제제가 일부러 나쁜 짓을 하는 거라고 생각합니다. 가장 아름답다고 생각한 노래를 부른 제제는 영문도 모르고 맞습니다.

　제제는 잔디라 누나에게도 매를 맞습니다. 제제가 풍선을 만드느라 밥을 먹으러 가지 않았다는 이유로요. 누나는 화가 나서 풍선을 망가뜨리려 하죠. 제제는 누나에게 '갈보'라고 합니다. 제제는 그 단어가 안 좋다는 것은 어렴풋이 알지만 정확히 알고 한 말은 아닙니다. 하지만 누나는 화를 냅니다. 그리고 동생을 무지막지하게 팹니다.

　어른들은 어린아이가 욕을 하거나 나쁜 행동을 하면 화를 내고 윽박지르지요. 하지만 아이들이 하는 욕이나 비속어에 초점을 맞추면 안 됩니다. 어휘가 풍부하지 않고 감정 표현이 다양하지 않은 유아의 경우 욕은 화를 표출하기 위한 수단일 뿐입니다. 아이들은 화난 감정을 최대한 자극적으로 표현해서 상대방이 자신을 이해해주기를 원하는 것입니다. 그러니까 아이가 그런 말을 한다면 왜 그런 말을 했는지 살펴야 합니다.

만약 아빠가 왜 그런 노래를 불렀는지 제제에게 물어봤다면 어떻게 됐을까요? 제제는 아빠가 슬퍼 보여서 자신이 아는 노래 중에 가장 아름다운 노래를 들려주고 싶었다고 말했을 테고, 아빠는 제제의 마음에 감동했을 거예요. 그리고 그 노래의 뜻을 알려주고 다른 노래를 부르게 했을 수도 있지요. 이렇게 소통하면 오해를 풀고 아이에게 하지 말아야 할 행동을 명확하게 알려줄 수 있습니다.

어떤 아이가 친구에게 "개 같아!"라고 해서 선생님과 친구의 부모님에게 비난을 당했습니다. 아이의 엄마는 죄송하다며 거듭 사과해야 했지요. 엄마는 집으로 돌아와 아이에게 왜 그랬는지 조용히 물었습니다. 알고 보니 아이는 친구가 강아지 흉내를 내길래 그렇게 말한 것이었죠. 친구는 자신이 강아지 흉내를 냈다는 사실은 쏙 빼놓고 '개'라는 단어에만 초점을 맞춰 아이를 몰아세운 거죠.

아이들은 표현이 미숙한 만큼 사용하는 어휘가 섬세하지 못합니다. 그러니까 아이들이 어떤 말을 했을 때 단어의 뜻에 초점을 맞추기보다는 맥락이나 이유를 살펴볼 필요가 있습니다.

밍기뉴의 첫 번째 꽃

"이것 봐, 제제!"

누나의 손에는 작고 흰 꽃 한 송이가 들려 있었다.

"밍기뉴가 피운 첫 번째 꽃이야. 그 애도 곧 어른 나무가 될 건가 봐. 그럼 라임오렌지도 주겠지."

— 『나의 라임오렌지 나무』, 286쪽

어른이 된다는 건 무엇일까요? 제제는 뽀르뚜가 아저씨를 잃고 죽을 만큼 큰 아픔을 경험합니다. 사흘 밤낮을 먹지 못하고 열은 집어삼킬 듯 오르고 먹고 마시면 토해버립니다. 그렇게 점점 야위어갔고 몇 시간이고 벽만 쳐다보았습니다. 가족뿐만 아니라 이웃까지 제제를 돌보지만 낫지 않습니다. 제제는 '많이 맞아서 생긴' 아픔이나 병원에서 '바늘로 꿰맬 때'의 아픔과 다르다고 느낍니다. 이 아픔은 '가슴 전체가 모두 아린' 것이었습니다. 뽀르뚜가 아저씨의 웃음소리, 면도 소리, 특이한 억양까지, 모든 것이 그립습니다.

아픈 몸이 조금씩 나을 때쯤 꿈을 꿉니다. 창문으로 밍기뉴와 루씨아누가 찾아옵니다. 밍기뉴는 제제의 라임오렌지 나무이고, 루씨아누는 또또까 형이 키우던 작은 새입니다. 이 꿈을 통해 제제는 밍기뉴와의 이별을 예감합니다.

누나가 밍기뉴가 피운 꽃을 보여줍니다. 하지만 제제는 이제 훌쩍 자라버려서 나무와는 친구가 될 수 없음을 직감합니다. 동생과 동물원 놀이를 하고 싶지도 않고, 꽃을 피운 밍기뉴와 마주치고 싶지도 않습니다. 제제는 '마법이 풀린 밍기뉴'라고 말하며 더 이상 환상에 기대지 않지요.

동생 루이스가 동물원 놀이를 할 때 검은 표범이라 불렀던 닭이 어디로 갔는지 찾자, 제제는 사실대로 말해주고 싶어 합니다. 검은 표범은 사실 국으로 끓여 먹은 늙은 암탉이라고 말이죠. 하지만 제제는 동생의 환상을 지켜주고 싶어서 검은 표범이 정글로 휴가를 갔다고 말합니다. 제제는 아픔과 슬픔을 오롯이 연소시키는 동안 성장했지만, 성장과 동시에 상상력이 사라지는 것에 대한 아쉬움도 동시에 보여줍니다. 어른스러워지고 철이 든다는 건 현실을 직시한다는 뜻이죠. 한편으로는 동심과 환상과는 멀어지면서 해맑은 웃음을 잃어가는 것인지도 모릅니다.

그때 받은 넉넉한 사랑

우리 엄마는 살아 계셨을 때 윤기 나는 내 머리카락을 빗겨
주고, 존슨즈 베이비 로션을 내 팔에 골고루 발라주고, 나를
포근하게 감싼 채 밤새도록 안고 또 안아주었던 게 틀림없다.
　　　　　　　　　　　　　　 - 『그리운 메이 아줌마』, 9쪽

주인공 서머는 엄마가 돌아가시고 오브 아저씨와 메이 아줌
마를 만나기 전에는 친척집을 전전하며 지냈습니다. 친척들은
서머를 선뜻 맡으려고 하지 않았고, 친딸처럼 받아들이지도 않
습니다. 하지만 서머는 투정을 부리거나 그들을 미워하지 않았
습니다. 서머는 엄마가 '넉넉한 사랑'을 남겨두고 갔다고 생각합
니다. 기억은 나지 않지만 머리를 빗겨주고 오랫동안 포근하게

안아주었을 거라 믿습니다. 오브 아저씨와 메이 아줌마에게 입양되고 나서 둘 사이에 흐르는 것이 사랑임을 알아차릴 수 있는 것도 아기였을 때 엄마의 사랑을 충분히 받았기 때문이라 생각합니다.

아기였을 때 받은 사랑 덕분에 사랑을 보고 느낄 수 있다는 대목이 제게는 크게 와닿았습니다. 아기 때 받은 사랑을 머리로 기억할 수는 없지만 본능적으로 우리의 몸과 마음에 쌓인다는 생각이 들었거든요.

제 어머니는 언제나 바쁘셨습니다. 집안일뿐 아니라 밭일까지 하셨고, 5명의 아이를 기르셨으니까요. 다섯 남매 중 넷째 딸이라 사랑을 독차지하지는 못했지만, 엄마로부터 받은 온전한 사랑을 몇 가지 기억합니다. 한번은 내가 열이 39도 넘게 오르자 나를 업고 한참 동안 뛰어 병원에 갔던 기억이 있습니다. 아플 때는 언제나 이마에 손을 짚어주었는데 그 촉감이 여전히 생생합니다. 차갑지도 따뜻하지도 않은 손의 온도, 살짝 건조하지만 부드러운 감촉이었어요. 지금도 아프면 누구도 대체할 수 없는 엄마의 손길을 그리워하곤 합니다. 작년에 코로나에 걸려 심한 통증에 시달리면서 엄마의 손길을 무척 그리워하며 눈물을 흘린 기억이 있습니다.

아플 때는 미음이나 쌀죽을 끓이고 잘게 자른 김치를 놓아 저만을 위한 밥상을 차려주셨어요. 가족이 많은 집이라 한 사람만을 위해 밥상을 차려줄 여유가 없었지만, 어머니는 병으로 입맛을 잃은 딸을 위해 오롯이 수고롭게 미음을 쑤고 김치를 작게 잘라서 한입이라도 먹이려 했지요. 그 사랑을 지금도 온전히 기억합니다.

가족이 많아도 생일상은 한 번도 빠뜨리지 않았어요. 할머니 제삿날에 태어나서 음력 생일 대신 양력으로 생일을 꼬박꼬박 챙겨주셨거든요. 형제자매가 많아도 뭉뚱그리듯 대하지 않으셨어요. 개인의 개성과 취향을 존중해주었죠.

『그리운 메이 아줌마』의 서머가 말한 '넉넉한 사랑'은 이런 게 아닐까요? 엄한 엄마이든, 친구 같은 엄마이든, 엄마들은 매번 최선을 다합니다. 아이를 키우며 지치기도 하고 자신이 부족한 듯하여 자괴감에 빠져 미안해하기도 합니다. 어렸을 적에 우리 엄마들이 그랬던 것처럼요.

오직 사랑뿐인 커다란 통

아줌마는 사람들의 마음을 이해했고, 누가 어떻게 행동하
든 간심하지 않았다. 아줌마는 만나는 사람 하나하나를 다 믿
었고, 그 믿음은 결코 아줌마를 저버리지 않았다. 어느 누구도
아줌마를 배신하지 않았으니까. 아마도 사람들은 아줌마가 자
신들의 가장 좋은 면만 본다는 점을 알고, 아줌마에게 그런 면
만 보여줌으로써 좋은 인상을 남기려고 했던 모양이다.

－『그리운 메이 아줌마』, 26쪽

『그리운 메이 아줌마』에서 서머는 메이 아줌마가 "오직 사랑
뿐인 커다란 통" 같다고 합니다. 과연 사랑뿐인 커다란 통은 어
떤 모양일까요? 아파트 옥상 위 커다란 온수통만큼 클 것만 같

아요. 그런 사람은 근처만 가도 따뜻해지고 편안해질 테고, 온갖 어리광을 다 받아줄 것처럼 포근하게 느껴지겠지요. 봄날의 햇살 아래 앉은 듯 평온하고, 누구든 기대고 싶을 것 같아요.

메이 아줌마는 집이 없어서 녹슨 트레일러에 삽니다. 흔히 말하듯 내세울 만한 조건을 갖춘 사람은 아니에요. 메이 아줌마가 가진 것은 오로지 사랑뿐입니다. 하지만 사람들은 메이 아줌마에게 잘 보이려고 해요. 서머는 아줌마를 "아저씨와 나의 자랑"이라고 말해요. 존재 자체만으로도 자랑스럽다니, 부럽지 않을 수 없습니다.

가족이 자랑스러워하는 사람, 그것도 그 사람 자체가 자랑스럽다는 건 최고의 찬사가 아닐까요? 대개는 시험에서 1등 한 아들이 자랑스럽다거나 유능해서 자랑스럽다며 어떤 조건을 앞세워 자랑스럽다고 하거든요. 그와 달리 메이 아줌마는 돈이 많거나, 똑똑하다거나, 요리를 잘한다는 등의 조건이 붙지 않습니다. 그저 사람 자체의 성품에서 비롯한 자랑스러움이죠.

저의 꿈은 오래전부터 우리 아이에게 자랑스러운 엄마가 되는 것이었어요. 품위와 온기가 있는 사람이라고 막연히 생각했어요. 그런데 이 책을 읽으면서 내가 바라던 모습이 바로 메이 아줌마 같은 사람이라는 것을 알게 되었어요. 사랑이 가득한 커다란 통 같다는 표현이 마음을 따뜻하게 울렸습니다.

　메이 아줌마는 사람들의 좋은 점만 볼 줄 아는 사람이기에 사람들도 좋은 인상을 남기려 합니다. 서머는 고아이고 오브 아저씨는 상이군인이지만, 누구도 무시하지 못합니다. 세 사람이 함께 있으면 그 어떤 사람들보다 강하다고 느꼈습니다. 메이 아줌마로부터 뿜어져 나온 사랑의 에너지 덕분이 아닐까요.

　큰 사고가 나서 휠체어를 타고 다니는 장애인의 일상을 영상으로 찍어서 보여주는 사람이 있습니다. 자신의 불편함을 보여줌으로써 비장애인이 장애인이 더 잘 알 수 있게 도와주는 거죠. 몸이 불편하다는 결핍이 있지만 오히려 당당하게 다른 사람을 돕는 모습을 보면서 그 사람의 기품이 느껴집니다. 그런 게 바로 자랑스러움이 아닐까요?

　톨스토이의 「두 노인」에서 예리세이와 예핌은 예루살렘에 성지순례하는 것이 평생의 소원이었습니다. 노인이 된 두 사람은 드디어 예루살렘으로 떠납니다. 예핌은 예루살렘에 다녀오지만, 예리세이는 가는 동안 병들고 가난한 사람을 돕느라 경비를 다 써버리고 시간도 너무 지체되어 중간에 되돌아옵니다. 하지만 예핌은 예루살렘에서 예리세이를 봤다고 말합니다. 예리세이는 예루살렘에 가지도 못했는데 말이죠. 어찌 된 일일까요?

그의 육체는 성지인 예루살렘에 가지 못했지만, 그의 영혼은 이미 성자였던 거예요. 예리세이는 고통과 배고픔에 빠진 사람들을 도우며 커다란 사랑을 실천했던 것이죠. 사람들은 예핌의 성지순례보다는 예리세이의 박애 정신에서 비롯된 실천을 더 훌륭하게 여깁니다.

그냥 사랑해

"우리들은 그냥 너를 사랑하는 거야. (중략) 우리들은 네 친구이자, 가족이야. 우리들은 너 때문에 많은 자부심을 가지게 됐고, 많은 것을 배웠다는 것도 알아줬으면 좋겠구나. 우린 우리와는 다른 존재를 사랑하고 존중하며 아낄 수 있다는 사실을 배웠지. 우리와 같은 존재들을 받아들이고 사랑한다는 건 쉬운 일이야. 하지만 다른 존재를 사랑하고 인정한다는 것은 쉬운 일이 아니지. (중략) 네가 우리에게 가지는 감정과 우리가 네게 가지는 애정이 더욱 깊고 아름다워질 거란다."

– 『갈매기에게 나는 법을 가르쳐준 고양이』, 118쪽

엄마 갈매기 켕가는 죽기 전에 소르바스라는 고양이에게 세

가지 부탁을 하는데요.

첫 번째, 알을 먹지 말 것
두 번째, 아기 갈매기를 키워줄 것
세 번째, 아기 갈매기가 나는 법을 알려줄 것

소르바스와 고양이 친구들은 힘을 합쳐 아기 갈매기를 키웁니다. 그런데 침팬지가 아기 갈매기에게 고양이들은 너를 살찌워서 잡아먹으려고 잘해줄 뿐이라고 이간질합니다.

아기 갈매기는 이 사실을 소르바스에게 말하지만, 소르바스는 아기 갈매기를 그냥 사랑하는 거라고 대답해줍니다. 소르바스는 아기 갈매기를 낳은 엄마는 아니지만 키운 엄마입니다. 소르바스가 아기 갈매기를 사랑하는 이유는 '그냥'입니다. 세상의 모든 엄마는 아이를 '그냥' 사랑합니다. 예뻐서라거나 공부를 잘해서가 아닙니다. 소르바스는 아기 갈매기를 통해 다른 존재를 인정하고 사랑하는 법을 배웁니다.

초등학생일 때 우리 아이가 "엄마, 내가 바퀴벌레로 변하면 어떨 것 같아?"라고 묻길래 "엄마는 벌레가 정말정말 싫지만, 네가 벌레로 변했다는 걸 안다면 끝까지 잘 돌봐줄 거야"라고 대답해주었습니다. 아마도 많은 엄마가 저처럼 대답할 거예요. 아이가 벌레로 변해도 사랑하는 마음은 변하지 않을 듯한데요.

어쩌면 소르바스는 처음부터 아기 갈매기를 사랑한 게 아닐지도 모릅니다. 아기를 걱정하며 숨이 멎은 엄마 갈매기의 유언을 지키려는 마음이었지요. 하지만 긴 시간 알을 품고 아기 갈매기를 지키면서 애정과 사랑이 차츰 쌓였던 것이죠. 부모님도 마찬가지입니다. 기저귀를 갈아주고 모유를 먹이고 머리를 빗겨주며 사랑이 차츰 쌓인 거지요.

소르바스가 지나가는 갈매기를 보고 애정을 느끼지는 않듯, 부모의 마음도 마찬가지입니다. 고양이들이 알을 품고 먹이를 구해다 주고 애정을 끊임없이 쏟은 갈매기는 단 한 마리니까요.

한편 소르바스는 '우리와 다른 존재를 사랑'하는 것에 대해 말합니다. 고양이와 갈매기는 사는 방식이 다릅니다. 원래 고양이와 갈매기는 만나기도 힘들고 서로 사랑할 가능성은 제로에 가까울지도 모릅니다. 사람은 나라가 다르고, 사는 지역이 다르고, 피부색이 다르다는 이유로도 차별하곤 합니다. 소르바스는 자신과 다른 존재를 사랑하고 돌보면서 오히려 아기 갈매기에게 고마운 마음을 가집니다. 소르바스는 왜 고맙다고 했을까요?

고양이들끼리만 지냈다면 갈매기에 대해선 관심도 없었을 테지만, 아기 갈매기에게 사랑을 주면서 진정한 사랑을 배웠습니다. 아기 갈매기가 날게끔 도와주면서 나는 방법을 공부하고, 자신이 아닌 다른 존재를 돕는 것이 무엇인지 배우며 삶이 더욱 가치 있어졌습니다.

저는 우리 아이에게 "엄마의 아들로 태어나줘서 고마워"라고 말하곤 합니다. 아이를 통해 이타와 배려, 사랑이라는 중요한 가치를 배웠기 때문이죠. 부모는 아이들에게 줄 뿐 아니라 받기도 합니다. 그래서 서로 소중한 존재입니다.

공부하라고 잔소리하기도 하고 학원 빼먹었다고 혼내기도 하는 것, 하교 시간에 맞추어 간식을 챙겨주고 아플 때 이마를 짚어주는 것 모두 사랑의 모양입니다. 사랑의 모양은 매우 다양합니다. 모양은 달라도 '그냥' 이유 없이 부모는 자식을 사랑합니다. 아이들은 '그냥' 사랑받아야 합니다. 예뻐서, 말을 잘 들어서, 공부를 잘해서, 심부름을 잘해서 등의 이유가 없습니다. 그 자체로 사랑스럽습니다.

무릎에 바른 연고

아저씨는 그렇게 훌륭한 일들은 입에 올리지도 않고, 사소
한 일만 골라서 이야기했다. 아줌마가 단 하루도 빠짐없이 아
저씨의 아픈 무릎을 연고로 문질러주어서, 아저씨가 다음 날
아침에 일어났을 때 걸어다닐 수 있게 해주었던 일

– 『그리운 메이 아줌마』, 52쪽

『그리운 메이 아줌마』에서 오브 아저씨는 죽은 메이 아줌마
에 대한 기억이 많습니다. 그러나 크고 대단한 것이 아니라 하
루도 빠짐없이 아픈 무릎에 연고를 발라주던 것처럼 작고 사소
한 일이 그립습니다. 적금을 부어서 아저씨가 갖고 싶어 하던
대패톱을 사준 것이 더 큰 선물일 텐데 말이죠. 큰 선물이나 대

단한 이벤트보다 작고 사소한 일이 기억에 남는 이유는 뭘까요? 따뜻함이 차곡차곡 쌓여 아주 큰 기억을 만들어낸 탓이겠지요. 그래서 어린이날 부모님께 받은 비싼 장난감이나 게임기, 옷보다는 매일 밤 사랑한다며 얼굴을 만지고 책을 읽어주는 엄마와 아빠의 사랑이 오래도록 기억에 남습니다.

메이 아줌마는 매일매일 오브 아저씨가 빨리 낫기를 바라는 마음에서 연고를 발라줬어요. 그 사랑이 고스란히 전해졌기 때문에 오래오래 기억되는 거지요.

저는 무언가 대단한 것을 해주어야 좋은 부모가 될 것 같은 강박에 시달리던 때가 있었어요. 주말마다 아이에게 새로운 경험을 시켜주기 위해 체험, 캠핑, 박물관, 미술관을 끊임없이 돌아다니기도 했고요. 그런데 아이가 어느 정도 크자 더 이상 가고 싶어 하지 않았어요. 의미 있는 장소에 가서 기억에 남을 만한 추억과 경험을 시켜주고 싶어서 속이 탔지요.

어느 날, 아이들에게는 하루하루 잘 노는 경험이 더 중요하지 않을까 싶었어요. 매일매일 동네 놀이터에서 친구들과 뛰어노는 기억이 쌓여 우리 아이의 어린 시절이 되겠구나 싶었지요. 부모가 주말마다 좋은 체험이랍시고 공부가 될 만한 장소를 데리고 다니는 것이 아이들에게는 낯설고 버거울지도 모른다는 생각이 들었거든요. 물론 모든 일에는 양면성이 있지만, 굳이 나가기 싫어하는 아이를 끌고 매번 새로운 장소를 탐색하는 데 에너지를 쓸 필요는 없어요.

작고 사소한 일이라도 잘 즐기는 사람이 더욱 행복하다고 합니다. 작고 사소한 사랑이 결코 작고 사소하지만은 않듯이요. 아이들이 이 구절을 읽으며 작고 사소한 일상의 소중함을 느꼈으면 좋겠습니다.

엄마 고양이가 핥아주는 건
학원에서 배우니?

"누가 가르쳐준 거예요?"

내가 불쑥 물었다.

"뭘 가르쳐? 새끼 낳는 방법 말이야?"

쿠퍼 형이 말했다.

"아니, 엄마가 되는 방법 말이야."

(중략)

"엄마들은 다 안단다."

— 『사진이 말해주는 것들』, 107쪽

엄마 고양이가 새끼를 낳았습니다. 엄마 고양이는 새끼 고양
이들에게 젖을 물리고 새끼들을 핥아줍니다. 엄마 고양이는 새

끼를 낳자마자 엄마가 할 일을 알아서 하지요. 주인공 저니는 엄마가 되는 방법을 누가 가르쳐주었냐고 물어요. 그러자 할아버지가 엄마들은 다 안다고 대답합니다. 이 말을 들은 누나는 엄마라고 다 아는 건 아니라고 대꾸합니다. 할아버지의 말도 맞는 듯하고, 누나의 말도 맞는 듯하죠.

저니가 피아노 학원에서 피아노를 배우듯이 고양이도 엄마가 되는 법을 배우냐고 묻는 것이 꽤 신선하게 느껴졌어요. '새끼에게 젖 물리기'나 '새끼 핥아주기' 학원이 있다면 어떨까요?

엄마 고양이는 새끼들에게 젖을 물리고 핥아주는 걸 배우지 않아도 어쩜 그렇게 잘 알까요? 본능이기 때문이죠. 그런데 누나는 엄마라고 다 아는 건 아니라고 말합니다. 주인공 저니와 누나 곁에는 엄마가 없습니다. 고양이가 아기 고양이를 돌보듯이 엄마도 우리를 돌봐주어야 하는데, 엄마가 지금 곁에 없다는 원망이 담긴 말입니다.

사람 아기를 키우는 일은 고양이 새끼를 키우는 것보다 훨씬 더 복잡하고 어려워요. 그래서 엄마들은 모유 먹이는 법, 태교하는 법, 목욕시키는 법, 이유식 만드는 법을 배워가며 아이를 키웁니다. 엄마들도 엄마가 처음이라 모르는 게 많습니다. 하지만 아이를 돌보고자 하는 마음은 진심이지요.

유영소의 『알파벳 벌레가 스멀스멀』에서는 고양이가 새끼 고양이들을 두고 집을 떠났다가 가끔 찾아옵니다. 그걸 본 주인공의 엄마는 "사람에게 기대지 않고 자기 힘으로 살아가려는 것도 괜찮지 않나?"라고 말합니다.

얼마 전 방송에서 봅슬레이 선수가 어머니를 찾는 장면을 보았어요. 어머니는 14살에 그 선수를 낳았고, 지금은 새로운 가정이 있어요. 어머니도 처음에는 아들이 보고 싶어서 연락했다가, 차츰 복잡한 문제가 얽혀 있음을 깨닫고 만나길 주저했지요. 인간의 관계는 고양이 세계보다는 복잡해요. 미숙하다고 그 어머니를 비난할 수도 있겠지만, 당시에는 그것이 최선일지도 모르죠. 사람을 키우는 일은 수학 문제를 푸는 것처럼 명쾌하지 않으니까요.

저도 예전의 육아 일기를 다시 읽으면 참으로 미숙했음을 느낍니다. 수많은 엄마가 자신의 미숙함을 탓하고 마음 아파합니다. 아이를 낳기 전에는 엄마도 누구를 보살피거나 희생하며 살지는 않았으니까요. 하지만 아기를 위해 최선의 선택을 하려고 노력하죠. 고양이는 본능적으로 아기 고양이를 능숙하게 돌볼 수 있지만, 사람의 아기를 키우는 일은 배워도 어렵습니다.

엄마가 되는 방법을 누가 가르쳐주었는지 묻는 게 엉뚱하게

들리지만, 어쩌면 학원을 다니든가 학위를 받을 만큼 공부해야
할지도 모른다는 생각이 듭니다. 할아버지의 말처럼 엄마는 다
알기도 하지만, 누나의 말처럼 잘 모르기도 하니까요. 다만 아이
들이 어떤 환경에서든 상처를 덜 받기를 바랄 뿐입니다.

깨진 옹배기에 숯불을 담아

몽실은 그 숯불을 깨진 옹배기 조각에다 재를 뒤집어씌워 담았다. 소중스레 받쳐 들고 19번 아버지 움막으로 바쁘게 갔다. 절뚝절뚝 절름발이 걸음이 무척 익숙했다.

- 『몽실 언니』, 65쪽

마을 사람들은 마을에 공산당 유격대가 들어오는 걸 막기 위해 밤을 새워 마을 입구에서 경비를 섰습니다. 몽실의 아버지도 겨울밤 찬 움막에서 밤을 지새웠지요. 아버지의 화로가 식지 않을까 염려하던 몽실이는 자다가 일어나 숯불을 담아 들고는 산비탈을 내려가 논둑길을 지나고 조그만 시내를 건너 넓은 벌판까지 갑니다. 한겨울에 먼 동구 밖까지 가는 몽실이를 보니 마음이 참 따뜻해집니다.

아버지는 한밤중에 몽실이가 온 게 너무 뜻밖이라 놀라며 반가워합니다. 얼마나 대견스러울까요? 싸늘하게 식었던 화로가 다시 따뜻해졌습니다. 아무리 착한 몽실이라지만 그 추운 한밤중에 먼 걸음을 하기란 쉽지 않았을 텐데요. 하지만 몽실이는 추위에 떠는 아버지만 떠올리고 그곳까지 가지는 않았을까요?

때때로 목표가 명확하면 당장 눈앞에 닥친 어려움은 부차적인 문제가 되지요. 몽실이도 자신이 춥고 힘든 것보다 추위에 떠는 아버지를 따뜻하게 해주고 싶다는 일념으로 추위를 이겨낸 것이겠지요. 더군다나 오롯이 타인을 위해 고난을 이겨내는 것은 쉽지 않은 일입니다.

몽실이가 추운 겨울날 한밤중에 아빠를 위해 숯불을 들고 갔다는 말만 들으면 감정을 이입하기란 쉽지 않겠지요. 하지만 몽실이가 자다가 깨서 산비탈을 내려가 논둑길을 지나 시내를 건너 넓은 벌판까지 갔다는 구체적인 묘사를 읽으면 그 고난을 체감할 수 있습니다.

우리가 흔히 아는 마더 테레사는 봉사와 희생에 평생 자신을 바쳤습니다. 훌륭한 분이지만, 업적만 나열된 글을 보고는 공감하기 어렵습니다. 우리에게는 그런 경험이 없기 때문이죠. 하지만 이야기로 듣는다면, 진정한 실천을 통해 사랑을 행한 걸 공감하고 존경심이 깊어집니다.

어렸을 때 열이 오른 나를 업고 뛰시던 어머니가 생각납니다. 시골이고 차가 없던 시대라 먼 읍내에 있는 병원까지 업고 가신 것이었죠. 제게는 사랑의 기억으로 남아 있습니다. 그때 어머니는 어떤 마음이셨을까요? 오직 자식을 낫게 하겠다는 일념으로 먼 거리를 힘든 줄도 모르고 뛰지 않으셨을까요?

엄마가 요리를 해주고, 회사에서 일하고, 저녁에 돌아와서 집안일을 하는 걸 보면서 엄마니까 당연하다고 생각하면 안 됩니다. '엄마가 힘들겠구나. 가족을 위해 고생하시는구나'라고 생각하고 마음을 헤아려주는 것이 공감입니다.

아이가 막 발걸음을 떼던 시기에는 아기의 속도와 눈높이에 맞춰 공감하려 노력했습니다. 아이에게는 풀과 돌멩이 하나도 그냥 지나칠 수 없을 만큼 궁금한 것투성이였으니까요. 아이는 마주치는 모든 것을 궁금해하며 알아들을 수 없는 말을 쏟아냈습니다. 아이를 충분히 기다려주고 일일이 반응했지요.

그즈음 아버지가 암으로 투병 중이셨습니다. 입원실에서 진료실로 이동하는 것도 쉽지 않았어요. 아버지는 매우 느리게 한 걸음씩 내디뎠습니다. 저는 아버지에 맞춰 걸었습니다. 어린아이를 키우던 시기라서 아버지가 마음 편하게 자신의 속도대로 걸을 수 있도록 기다릴 수 있었습니다.

만약 아이가 어리지 않았다면 아버지의 느린 걸음을 기다려 줄 수 있었을까요? 자식에게는 끝없이 배려의 아이디어가 떠오르는데 부모님에게는 왜 그만큼 떠오르지 않는지 모르겠습니다. 그런데 몽실이는 어려도 아버지를 헤아릴 줄 아는 아이입니다. 이 부분을 읽으며 공감하고 감동하는 아이들이 많았으면 좋겠습니다.

사랑은 누가 가르쳐줄까?

나의 사랑하는 뽀르뚜가, 제게 사랑을 가르쳐주신 분은 바
로 당신이었습니다.

– 『나의 라임오렌지 나무』, 293쪽

제제는 자신에게 사랑을 가르쳐준 사람이 뽀르뚜가 아저씨라
고 생각합니다. 제제의 편이 되어주고 많이 기다려주었기 때문
이죠.

저는 누구에게 사랑을 배웠는지 생각해보니, 우리 아이에게
서 사랑을 배웠어요. 갓난아이를 벗어나서 무럭무럭 자라는 아
이를 안아주기가 쉽지 않았어요. 안아달라는 아이에게 너무 무
거워서 안아주기 힘들다고 했더니, "엄마는 나 사랑하잖아"라며

애교를 부렸어요. 그러면 무거워도 안아주지 않을 수가 없었지요. 아이를 키우며 사랑을 주기도 하지만, 사랑을 배우기도 합니다.

『늑대의 지혜』는 무리 생활을 하는 늑대를 관찰한 내용을 담고 있습니다. 암컷 리더가 계곡을 차지하려던 무리에게 살해당하자, 얼마 후 건강한 수컷 늑대마저 암컷을 잃은 후 번민과 상심으로 죽었습니다. 늑대들도 이렇듯 서로를 깊이 사랑하는 법을 잘 알고 있습니다.

"벌레가 됐어도 절 사랑하세요?"

(중략)

"네가 어떻게 변해도 우리는 늘 너를 사랑한단다."

— 『변신』(로렌스 데이비드)

프란츠 카프카의 『변신』을 패러디한 그림책에 나오는 구절입니다. 프란츠 카프카의 『변신』의 주인공은 마지막까지 소외되고 고립되어 벌레에서 인간으로 되돌아오지 못하지만, 이 책에서는 그레고리로 돌아옵니다. 수업 중에 아이들에게 그레고리가 벌레에서 인간으로 돌아올 수 있었던 이유가 뭔지 물었습니다. 아이들은 망설임 없이 '엄마, 아빠의 사랑' 덕분이라고 했습니다. 사랑을 충분히 받아본 아이들은 사랑의 힘이 얼마나 큰지 아는 듯했지요.

어른이 된 제제는 뽀르뚜가 아저씨가 그림 딱지와 구슬을 주었듯이 자신도 아이들에게 그것들을 나누어준다고 합니다. 그것은 뽀르뚜가가 가르쳐준 사랑 덕분입니다. "내게 사랑을 가르쳐준 사람이 누굴까?"라는 질문은 "나를 사랑해주는 사람은 누굴까?"라는 질문보다 훨씬 폭넓은 사람들을 떠올리게 합니다. 나를 사랑해주는 사람이라면 부모님이 떠오르겠지만, 사랑을 가르쳐준 사람은 너무나도 많습니다. 내 이야기를 잘 들어주는 친구, 먹을 것을 먼저 챙겨주던 언니, 말없이 머리를 쓰다듬어주던 할머니처럼요.

아이들이 사랑을 가르쳐주었던 사람을 떠올리다 보면 사랑을 실천하는 법도 알 수 있지 않을까요?

오늘도 잘 굶었냐?

"어이, 목이야! 오늘도 잘 굶었냐?"

— 『사금파리 한 조각』, 13쪽

잘 굶었냐니, 말하는 사람도 듣는 사람도 자칫 약이 오를 만한 말입니다. 하지만 『사금파리 한 조각』에서 주인공 목이와 두루미 아저씨는 오해하지 않습니다. 배가 고픈 상황에서도 이렇듯 장난스레 인사말을 주고받으며 여유를 잃지 않아요. 집도 없이 다리 밑에 살며 굶는 날이 훨씬 많지만 가볍고 재미있게 대화하는 모습이 인상적입니다.

두루미 아저씨는 날 때부터 오그라들고 뒤틀린 종아리와 발을 가졌습니다. 두루미라는 새처럼 한쪽 다리로 서서 살아왔죠.

그런데 비관적이지 않습니다.

"사람들은 내가 이런 다리로 태어난 걸 보고 오래 살기 힘들
거라고 여겼지. (중략) 그런데 두루미는 다리 하나로 설 뿐 아
니라, 장수를 상징하는 동물이기도 하거든."

– 「사금파리 한 조각」, 22쪽

불편한 자신의 다리를 안타깝게 생각하기보다 긍정적으로 생
각합니다. 이렇게 밝고 희망적인 태도를 낙관적이라고 하지요.
불행으로 여기기보다 좋은 쪽으로 생각하고 재치 있게 말하는
아저씨의 태도에서 여유가 느껴집니다. 걱정하고 속상해한다고
해결되는 문제는 아닌 거죠. 그래서 두루미 아저씨는 "잘 굶었
나?"라며 능청스럽게 말하는 거예요.
　목이의 이름도 귀처럼 생긴 목이버섯에서 따온 이름입니다.
목이버섯은 쓰러진 나무의 썩은 낙엽 속에서 저절로 자란다고
합니다. 두루미 아저씨는 목이라는 이름이 고아한테 썩 잘 어울
린다고 말합니다. 좋지 못한 환경에서도 꿋꿋하게 자라는 모습
을 비유한 거죠.
　'고아한테 썩 잘 어울리는 이름'이라는 표현이 자칫 불편하

게 들릴지도 모르겠습니다. 하지만 목이는 고아라는 사실을 피하거나 숨기려 들지 않아요. 무언가 숨기고 피하는 것은 잘못할 때나 하는 행동이니까요. '고아'라는 처지를 있는 그대로 받아들이는 행동은 열등감이 없다는 의미이기도 합니다.

목이가 도자기 스승인 민 영감의 아내로부터 옷 한 벌을 얻어 왔을 때도 두 사람의 낙천적 성격이 고스란히 드러납니다. 목이는 얻어 온 새 옷을 혼자 입기가 미안해서 두루미 아저씨에게 상의와 하의로 나눠 입자고 제안하지요. 두루미 아저씨는 계속 거절하다가 결국에는 목이의 제안을 받아들입니다.

"우리 둘을 따로 놓고 보면 정말 이상해 보일 거야. 하지만 한데 합치면 누구 못지않게 단정한 옷차림이지!"

– 『사금파리 한 조각』, 124쪽

두루미 아저씨와 목이가 새 옷을 반쪽씩 입는 게 우스꽝스러울지도 모릅니다. 하지만 제대로 된 옷이 없다고 비참해하기보다는 합치면 단정할 거라는 긍정의 말로 마무리하지요.

두루미 아저씨는 이렇듯 장애, 고아, 가난이라는 결핍의 환경에서도 유머를 장착한 여유를 잃지 않습니다. 장애와 같은 신체적인 부자유, 고아라는 정서적 결핍, 배고픔이라는 생리적인 문제는 기본적인 욕구에 가깝습니다. 그런데도 유머와 여유로운 태도를 잃지 않는 두루미 아저씨야말로 진정 품위 있는 사람이 아닐까 싶습니다. 그리고 목이는 아저씨를 보고 자라며 낙관의 유산을 물려받고 있지요.

아무리 좋은 환경에서 자라도 열등의식에서 빠져나오지 못한다면 목이보다 행복하다고 할 수 있을까요? 목이는 적어도 자신의 잘못이 아닌 일로 인해 움츠러들지는 않을 것 같네요.

도둑질은 사람에게서
품위를 빼앗아 가는 것

"노동은 사람을 품위 있게 만들지만, 도둑질은 사람에게서
품위를 빼앗아 가는 거야."

— 『사금파리 한 조각』, 20쪽

　어떤 주제에 대해 질문이 없다면 자기의 생각이라기보다 '길
들인' 생각에 가깝습니다. 길들이는 것은 주인이고 길드는 것은
강아지인 것처럼, 주체가 자신이 아닙니다. 이 책에서는 도둑질
해서는 안 된다고 주입하기보다는 스스로 답을 찾아가도록 질
문거리를 던져줍니다.

　만약 "도둑질하면 안 돼. 도둑질은 나쁜 거야"라고 이야기했
는데 아이가 "왜요?"라고 묻는다면 뭐라고 대답해야 할까요? 대

개는 "나쁜 건 나쁜 거지 이유가 어딨어?"라고 윽박지르듯 답할 겁니다. 결론만 전하는 이런 식의 대화는 사람들이 정해놓은 생각을 그대로 답습하는 셈입니다. '도둑질이 나쁘다'는 말을 당연하다고 여기는 사람이 있는 반면, 그 이유가 궁금하거나 이해가 가지 않는 사람도 있을 테니까요. 따라서 충분히 납득하게끔 토론할 필요가 있습니다.

이 책에서는 도둑질이 품위와 관련이 있다고 하는데, 품위란 뭘까요? 품위는 사람으로서 지켜야 할 말과 행동, 태도 등입니다. 한편 사람은 혼자 살 수 없기 때문에 타인에게 지켜야 할 예절이 있습니다. 품위와 예절은 법과는 달리 어긴다고 처벌을 받지는 않지만 스스로 부끄럽지 않기 위한 규율입니다. 그러니까 법을 어기지 않기 위해 어떤 행동을 하지 않는 것은 매우 수동적이고, 스스로 규율을 정하는 마음은 능동적인 거죠. 누군가가 시켜서 하는 일이 적을수록 주체적인 삶을 살 수 있습니다.

도둑질을 통해 얻은 돈과 식량은 떳떳하지 못합니다. 남에게 들킬까 봐 숨어서 하는 행동을 해서는 품위를 지키기란 불가능합니다.

"그런 문제를 고민하는 건 두 가지 면에서 도움이 되지. 정

두루미 아저씨는 좋다거나 나쁘다는 식의 답을 던져주지 않아요. 자신의 의견을 들려주긴 하지만, 목이 스스로 해답을 찾아야 한다고 말하죠. 두루미 아저씨는 어른이라고 해서 자신의 가치관을 강요하지 않아요. 고민과 생각을 통해서 스스로 가치를 찾는 기준에는 '품위'라는 항목이 있어요. 자기 자신과 다른 사람의 입장을 고려하는 과정에서 생각이 깊어지고 지혜가 쌓여 갑니다. 즉, 자신만의 품위를 찾는 것이지요. 아침마다 이부자리를 정리하거나, 음식을 꼭꼭 씹어 먹거나, 부끄럽지 않게 생각하는 것 모두 품위 있는 행동이에요.

'왜?'라는 사소한 질문이 쌓이면 자신만의 가치관과 철학이 생깁니다. 답을 찾지 못해도 상관없습니다. 살다 보면 마음을 어지럽히는 수많은 문제와 마주하고 선택해야 합니다. 그럴 때 이런 질문은 좀 더 나은 길을 알려줍니다.

쌀알 주울까, 말까

말해주자. 어서 빨리! 쌀을 더 흘려버리기 전에!

아니다! 입을 다물자. 저 아저씨가 길을 돌아가고 나면 땅에
흘린 쌀을 줍는 거야.

— 『사금파리 한 조각 1』, 16쪽

우리는 매일매일 선택의 유혹에 빠집니다. 『사금파리 한 조
각』에서 목이도 선택에 대한 고민에 빠졌어요. 배가 너무 고픈
데 앞에 가는 아저씨가 쌀가마니를 지고 갑니다. 그런데 구멍이
나서 쌀알이 길에 떨어지고 있습니다. 저 쌀들을 다 주우면 한
끼 정도는 배를 채울 수 있습니다. '쌀알이 떨어지는 것을 말해
주자!'와 '아니다, 입을 다물자!'라는 선택의 기로에서 목이는 어

떻게 해결했을까요?

일단 아저씨에게 말해주고 싶지 않다는 마음의 소리를 듣습니다. 하지만 두루미 아저씨의 말씀을 떠올리며 다시 생각합니다. 한 끼 배불리 먹을 수야 있겠지만 품위 있는 행동이 아님을 깨닫습니다. 이렇게 선택의 고민에 빠졌을 때는 차근차근 순서에 맞게 생각하고 결정해야 합니다. 한 끼 배불리 먹고 싶은 마음과 남의 것을 허락없이 가져가는 것 모두 생각해야 하는 거예요.

아이가 학원에 가기 싫어하는 날도 있을 거예요. 이럴 때 그냥 가기 싫은 건지, 몸이 힘들어서 가기 싫어진 건지 스스로 생각해보게 합니다. 1부터 100까지 점수를 매겨서 기준을 세우는 것도 좋아요. 피곤한 정도가 80이면 학원을 가지 않는다는 식으로 원칙을 세우게 하는 거죠. 오늘 학원에 가지 않으면 당장은 편하지만 다음에 보강해야 할 테니 그 주에는 더 힘들어지겠지요. 엄마에게 혼날까 봐 학원을 가기보다는 스스로 행동에 책임질 수 있는 방향으로 결정하게끔 해보세요. 선택의 유혹에 빠졌을 때 생각의 순서를 밟다 보면 자신만의 해결책을 찾을 수 있을 테고, 아이는 그만큼 성장할 겁니다.

'5WHY 분석법'은 도요타에서 생산 라인을 개선하기 위해 창안한 방법인데, 기업이나 조직의 문제뿐 아니라 개인의 일상에서도 적용해볼 수 있어요. 목이의 고민을 예로 들어볼까요?

1. 쌀알이 떨어진 것을 아저씨에게 말하기를 왜 망설이는가?
 - 쌀알을 주우면 한 끼를 해결할 수 있기 때문이다.
2. 그러면 쌀알을 주우면 되지 않은가?
 - 양심에 찔리기 때문이다.
3. 양심에 찔리면 아저씨에게 말하면 되지 않은가?
 - 말하면 한 끼를 해결할 수 없다.
4. 평소처럼 아저씨를 만나지 않았다면 이런 고민을 했을까?
 - 만약 저 아저씨를 오늘 만나지 않았다면 나는 이런 고민도
   하지 않았을 것이다. 쌀알은 처음부터 없었을 테니까.
5. 처음부터 내 것이 아니라고 생각하면 이런 고민도 할 필요
   가 없다. 아저씨에게 이 사실을 알려주는 것이 낫다.

이렇게 생각하다 보면 어떻게 할지 결정할 수 있습니다. 선택
하는 것을 어려워하는 '결정 장애'라면 참고할 만한 방법이죠.
아이들이 결정을 내리면서 매번 부모님의 도움을 받기보다는
목이처럼 스스로 선택하는 경험을 쌓아가기를 바랍니다.

꼴로네요, 지혜로운 노인

꼴로네요는 나이를 알 수 없는 고양이였다. 어떤 고양이들은 식당 문을 연 햇수와 똑같은 나이라고 하고, 또 다른 고양이들은 그보다 훨씬 더 나이를 먹었다고 했다. 그러나 꼴로네요의 나이는 전혀 중요하지 않았다. 왜냐하면 그는 곤경에 처한 많은 고양이들에게 조언을 해주는 탁월한 능력을 갖고 있었기 때문이다. 비록 그의 조언이 어떤 문제를 꼭 해결하지는 못했다 할지라도 최소한 기운을 북돋워주는 역할은 했다. 꼴로네요는 비록 늙었지만, 아직도 항구의 모든 고양이들 사이에서는 상당한 권위를 지닌 존재였다.

－『갈매기에게 나는 법을 가르쳐준 고양이』, 44쪽

꼴로네요는 늙은 고양이로, 사람으로 치면 노인입니다. 소르바스는 자신에게 문제가 생기자 꼴로네요부터 찾습니다. 그러나 꼴로네요는 척척박사나 요술사처럼 문제를 직접적으로 해결해 주지 않습니다. 오히려 세끄레따리오라는 고양이가 합리적인 제안을 하고 정확한 정보를 전달하면서 실질적인 도움을 줍니다.

예를 들면 사벨로또도가 쥐들이 책 속의 마다가스카르 지도 한 페이지를 뜯어먹어 흥분했을 때에도 "마다카스, 마다가르"라며 정확한 명칭을 잘 모릅니다. 세끄레따리오가 정확히 일러주자, 꼴로네요는 화를 내며 자기가 할 말을 가로챘다고 말해요. 말실수를 하기도 하고요. 꼴로네요는 늘 한 박자 늦거나 지식도 부족합니다.

어느 드라마에서 주인공이 "경찰은 민중의 몽둥이"라든가 "아연질색"이라는 식으로 말실수하던 장면이 떠오르네요. 주변 사람들이 고쳐주면, 그게 중요한 것이 아니라 문제의 본질, 대화의 본질이 중요하다고 말하죠. 드라마의 주인공은 실수를 많이 하지만 사람을 아끼고 포용할 줄 아는 인물입니다. 꼴로네요도 실수를 하곤 하지만 크게 중요한 것은 아닙니다. 똑똑하고 정확하진 않지만 친구들을 대하는 사랑과 지혜가 있습니다. 그래서 지식이 많은 세끄레따리오가 주는 답은 정확한 정보와 지식이지만, 끌로네요의 답은 '기운을 북돋워주는' 답이에요.

끌로네요는 사람과 소통해서는 안 된다는 금기를 처음으로 깨뜨리게 합니다. 아기 갈매기가 날 수 있게 하는 것이 주목표였으니까요. 사람의 도움이 꼭 필요한 시점에 고양이들의 조항만 강조하지 않겠다는 결단을 내리는 것도 끌로네요의 현명함입니다. 끌로네요는 이 안건에 대해 고양이들과 깊은 밤까지 논의합니다. 신중하게 결정해야 한다는 걸 잘 아니까요. 어떤 사람과 소통할지 고민하면서 소르바스가 시인에 대해 충분히 설명하도록 들어줍니다. 민주적인 절차를 통해 문제를 해결하는 것도 끌로네요의 지혜겠지요.

펀자이씨툰이라는 웹툰은 치매에 걸린 어머니의 일상을 보여줍니다. 어머니는 새로운 것은 기억하지 못하고 과거의 기억마저 점점 잃어가고 있지만, 일상적인 대화를 나눌 때는 여전히 유머와 지혜가 넘칩니다. 딸이 알찬 시간을 보내지 못해서 무기력해지고 한심하게 느껴질 때는 어떻게 하는지 묻자, 어머니는 사람은 명란젓이 아니라고 말합니다. 그러니까 알찬 시간을 못 보냈다고 해도 괜찮다는 거지요. '알차다'라는 단어를 '명란젓'과 연결해서 유머러스하고 지혜롭게 설명하면서, 사람이 늘 알차고 빈틈없이 생활하기란 쉽지 않다고 깨닫게 해주시죠. 어머니는 방금 한 말도 기억을 못 하지만, 매 순간 하시는 말씀에는 평생 쌓아온 지혜가 그대로 살아 있어요.

할머니와 할아버지는 어떤 지혜와 유머를 가지고 계시는지 살펴보는 건 어떤가요? 고민이 생겼을 때 할머니와 할아버지를 찾아가서 고민을 말해보는 것도 좋을 거예요.

우리는 가끔 엉뚱한 사람에게 골을 내지

"재미있게도, 우리는 가끔 엉뚱한 사람한테 골을 낸단다."

『사진이 말해주는 것들』, 71쪽

주인공 저니는 엄마가 사진을 찢은 것을 얘기하지 말았어야 한다며 할아버지를 탓해요. 자신이 집요하게 캐물었던 건 잊고 요. 이때 할머니가 엉뚱한 사람에게 골을 내곤 한다는 말로 정 곡을 찌르지요.

사실 저니가 화를 내고 싶은 대상은 할아버지가 아니라 엄마 입니다. 엄마가 곁에 없는 것도 속상한데, 사진 한 장도 남아 있 지 않죠. 게다가 사진을 엄마가 찢었다는 사실까지 알게 되니 어딘가에 화를 내고 싶었을 거예요. 종로에서 뺨 맞고 한강에서 눈 흘긴다는 옛말처럼요.

『다들 왜 화가 난 걸까?』에서 엄마가 "정신이 없다. 나가서 놀아라"라고 소리치자, 제니퍼는 친구 헨리에게 엄마가 자신 때문에 화났다고 말합니다. 하지만 헨리는 제니퍼의 엄마가 화가 난건 엄마가 주차할 때 문 아저씨가 경적을 크게 울려서이고, 문아저씨는 부인에게 멍청이라는 말을 듣고 화가 나서 경적을 울렸다고 말해줍니다. 문 아저씨의 부인은 슈퍼에서 아가씨가 재촉해서 화가 났고요. 이렇게 따라가보니, 맨 처음 화를 돋운 사람이 그런 아줌마였습니다. 그런 아줌마가 구두 소리를 내는 바람에 잠을 못 잔 아저씨가 화를 냈고, 그 탓에 온 마을 사람들이 화가 났던 거예요. 화가 화를 낳은 셈이죠.

누군가가 나한테 화를 내면 내 탓인가 싶어 괜히 주눅 들곤합니다. 별달리 잘못한 게 떠오르지 않아도 '내가 뭘 잘못했을까?' 하루 종일 생각할 때가 많아요. 그런 날은 이유도 모르고스스로를 비난하지요. 그렇게 자꾸 마음이 작아질 때가 있어요. 물론 자신이 원인을 제공하고도 되돌아보지 않는 것은 나쁘지만, 별다른 이유도 모른 채 마음 졸일 필요는 없어요. 그러니 담담하게 받아들이는 게 어떨까요?

해진 저고리를 기워주고

산나물을 뜯어다가 죽도 끓였다. 누더기 같은 아버지의 옷
을 깨끗이 빨고 집 안 청소도 했다.

— 『몽실 언니』, 57쪽

몽실이 아버지는 머슴살이를 합니다. 머슴은 잘사는 집에 가
서 농사일과 가사를 돕는 사람이에요. 몽실이는 그 덕분에 집에
혼자 있지만 게으름을 부리지 않습니다. 아버지 옷도 빨고 청소
도 열심히 해요.

가난하고 적막한 집안 살림을 알뜰하게 매만졌다. 몽실의
해진 저고리를 예쁘게 기워주고 아버지의 고무신도 자주 깨

깨끗이 씻어주었다.

– 『몽실 언니』, 59쪽

그런 몽실이에게 새엄마가 생깁니다. 새엄마인 북촌댁도 부지런합니다. 가난하고 보잘것없는 살림이지만 부지런히 가꾸고 가족의 매무새를 돌봅니다.

북촌댁과 몽실이가 살림을 가꾸는 것을 보면서 마음이 몽글몽글해져요. 어렸을 적에 어머니가 이불을 방 가득 펴놓고 바느질하시던 광경이 떠올랐기 때문입니다. 제 어머니는 대가족의 살림을 하느라 늘 바빴어요. 빠르고 억척스럽게 밭일이나 집안일을 하셨지요. 그래서 어머니와 눈을 마주치며 앉는 일은 드물었어요. 평소에 엄마가 바쁘게 움직이실 때는 방해가 될까 봐 멀찍이 떨어져 있었지만, 이불 홑청을 꿰맬 때는 방해가 되지 않았어요. 펼쳐진 이불 밑에 발을 녹이면서 엄마 옆에 앉아만 있어도 엄마 품속에 들어앉은 기분이었어요. 두런두런 이야기를 나누다 보면 차분하고 따뜻한 기분이 들었어요.

아침에 이부자리를 정리하는 것은 자신에게 주는 선물이라는 말이 있어요. 일하느라 지쳐서 돌아온 내게 잘 정돈된 이부자리를 선물하는 거죠. 북촌댁이 살림을 정성껏 가꾸는 것은 가족에게 매일 깨끗하고 정갈한 선물을 하는 것과 같아요. 옷매무새를 정리하고 정갈하게 음식을 만들고 앉은자리의 먼지를 닦아내는 일, 사랑하는 가족이 먹을 음식과 옷을 장만하고 집을 청소하는 것은 일상의 선물인 셈입니다.

게다가 집안일을 하다 보면 머릿속이 맑아지면서 차분해집니다. 심리적으로 불안감이 생기면 몸을 움직이라고 합니다. 그러니 아이가 공부가 되지 않는다고 하면 이불 개기, 빨래 개기, 책상 정리하기부터 하게 하세요. 그러면 이상하게도 마음이 차분해집니다.

헬렌 옥슨버리의 『이만큼 컸어요』에서 아이는 엄마를 졸졸 따라다닙니다. 노란 병아리들이 어미 닭을 따라다니는 것처럼요. 엄마는 봄을 맞아 분갈이를 하고 나무 가지치기를 하고 씨앗을 심느라 늘 바쁩니다. 아이는 엄마를 따라다니며 병아리, 강아지와 친구가 됩니다. 어느새 가을이 되어 병아리와 강아지는 훌쩍 자랐는데, 자신은 여전히 어린아이인 것 같아 속상합니다. 엄마는 봄에 넣어두었던 아이의 봄옷을 꺼냅니다. 아이의 옷이 이젠 작아졌어요. 한 뼘이나 자랐거든요.

이렇듯 아이는 엄마의 일상을 배우며 자랍니다. 봄날에 분갈이하기, 빵 만들 때 밀가루 개량하기, 양말 빨기, 가구에 페인트

칠하기 등등, 많은 학자들은 청소년들이 가사에 참여하면서 협동, 성취 등의 성장 동력을 기를 수 있다고 말합니다.

한편 집안일을 하나씩 해내며 자신의 몫을 하나씩 해내다 보면 진짜 어른이 될 수 있을 거예요. 속옷 정리, 빨래 널기, 청소기 돌리기, 침대 정리하기 등 일상에서 작은 생활 습관이 쌓이면 자신감도 생길 테고요.

집안일은 온기가 느껴지는 것 같아요. 가족들을 위한 일이라 그럴까요? 아이들에게 어떤 따뜻한 정서를 전해주고 싶은지, 아이들은 스스로 어떤 따뜻함을 전할 수 있을지 생각해보는 것도 좋을 거예요.

친구한테는 돈을 안 받거든

"너, 내 구두 닦아줄래? 그럼 10또스땅 줄게."

"그건 곤란해. 난 친구한테는 돈을 안 받거든."

"그럼 내가 돈을 주면? 아니, 200헤이스를 빌려주는 건 어때?"

"천천히 갚아도 돼?"

"언제라도 좋아. 나중에 구슬로 갚아도 되고."

"그렇다면 좋아."

— 『나의 라임오렌지 나무』, 84쪽

제제는 크리스마스에 선물을 받지 못할 만큼 가난합니다. 하지만 아빠에게 담배를 사드리기 위해 구두를 닦습니다. 그래도 쉽게 돈을 받지 않아요. 이런 날 일하는 아이를 안타깝게 여긴

손님이 돈을 더 준다고 해도 동정이나 대가 없는 돈은 받지 않
겠다고 말해요. 친구한테도 마찬가지입니다.

부자 친구는 제제에게 구두를 닦아달라고 합니다. 구두를 닦
으면 돈을 줄 수 있으니까요. 하지만 제제는 친구에게는 돈을
받지 않는다고 말합니다. 제제는 가난을 부끄러워하지 않습니
다. 부자 친구도 제제가 가난하다고 무시하지 않습니다. 부자 친
구는 도움을 주고 싶어 하고, 제제는 정당한 대가가 아니면 받
지 않으려고 하는 모습이 인상적입니다.

부잣집 친구는 크리스마스 선물을 많이 받습니다. 전축, 양복,
동화책, 색연필, 장난감, 비행기 등등 없는 게 없을 정도입니다.
이 책이 1968년에 발표된 것을 감안한다면 엄청난 부자임을 알
수 있지요. 반면 제제네 집은 너무 가난해서 교복을 맞추지도
못합니다. 그런데 제제는 친구가 부자라고 해서 쉽게 도움을 받
으려 하지 않을뿐더러 갚겠다는 전제로 당당하게 빌립니다.

TV에서 굶주리는 아프리카 친구들을 보곤 합니다. 안타까운
마음에 먹을 것도 나누고 싶고 기부도 하고 싶습니다. 제제의
친구도 어떻게 해서든 도움을 주고 싶었을 겁니다. 하지만 도움
도 일방적이어서는 안 됩니다. 상대방의 의사를 무시하고 도움
을 주는 것도 무례한 행동입니다. 물질적 도움을 주는 행위라고

해서 상대방보다 우위에 있는 것처럼 생각해서는 안 되지요. 돈은 삶을 편안하게 해주지만 사람을 다루는 도구는 아니기 때문입니다.

휠체어를 탄 사람이 턱이 높아서 오르지 못해 머뭇거리고 있을 때는 무작정 힘을 써서 휠체어를 밀어주기보다는 도움이 필요한지, 어떻게 도와주면 될지 질문해야 한다고 합니다. 이렇듯 상대방이 원하는 방식은 들어보지도 않고 제멋대로 도와주며 생색까지 내면 안 됩니다. 도움을 받는 사람의 일이기 때문에 그들이 주체가 되어야 합니다. 나의 만족을 위해서가 아니라 도움이 필요한 사람을 위하는 것이 본질이니까요.

제제와 친구는 돈에 대한 계산은 명확하지만 돈으로 환심을 사거나 유세를 떨지 않습니다. 이런 관계가 건강한 관계겠지요.

네 말에도 일리가 있어

"아빠, 그럴 마음이 아니었어요. 그런 말을 할 생각은 전혀
없었어요."

"안다. 알고말고. 네 말에도 일리가 있어서 화가 나지 않았단
다."

— 『나의 라임오렌지 나무』, 87쪽

제제는 크리스마스에 선물을 받지 못합니다. 속상한 제제는
"가난뱅이 아빠"라고 투덜거리다가 아빠와 눈이 마주칩니다. 해
서는 안 될 말을 하다가 들켜버린 거예요. 아빠는 아무 말도 하
지 않았지만, 제제는 잘못했다는 걸 느낍니다. 그래서 아빠에게
미안한 마음을 전하기 위해서 하루 종일 구두를 닦은 돈으로 담

배를 삽니다.

아빠는 제제가 사과하자, 제제의 말에도 일리가 있다고 말합니다. 일리는 '옳은 이유'라는 뜻입니다. 크리스마스에 선물을 받지 못했으니, 제제의 입장에서는 일리가 있다고 한 거예요. 그리고 제제를 안아줍니다. 아빠가 제제의 말을 인정하는 게 멋졌어요. 어른이라고 항상 옳은 건 아니지만 어른들은 자신의 잘못을 인정하거나 아이들의 말을 받아들이지 않지요.

그러자 제제는 온종일 괴롭히던 그 커다란 고통에서 벗어납니다. 어른들의 말 한마디가 아이에게는 얼마나 큰 돌덩이가 되는지 알 수 있지요. "네 입장에서는 그럴 수 있겠다", "그랬구나"라고 받아들여주기만 해도 서운함이 사라지지 않을까요? 부모가 이렇게 수긍해주면 아이는 자신감을 가집니다. 부모가 아이의 생각을 받아들이는 경험이 쌓이면 존중받는다는 느낌도 들고요. 집에서 존중받는 아이는 밖에 나가서도 자신의 의견을 당당히 말할 수 있지요.

부모가 자신의 잘못을 인정하는 가정에서 자란 아이는 사과할 줄도, 남의 의견을 수긍할 줄도 아는 아이로 자랍니다. 잘못이나 실수를 인정하는 책임감 있는 어른이 되는 거죠. 그런데 미안하다는 말은 막상 하려면 쉽지 않아요. 사과하기 힘들다면 미소 짓기, 손잡아주기, 안아주기, 상대방의 입장을 충분히 들어주기 등 다른 식으로 미안한 마음을 표현하는 건 어떨까요?

제제에게는 평소 무섭기만 한 아빠지만, 아이의 쏩쓸한 말도 수긍할 줄 아는 태도가 어른답다는 생각이 듭니다. 아이들은 물론이고 어른들도 자신의 잘못을 인정하고 사과하는 사람이 많아지기를 바랍니다.

문을 닫아버린 바람이
문을 열어주기도 하지

"목이야, 문을 닫아버린 바람이 다른 문을 열어주기도 하는
거야."

『사금파리 한 조각』, 35쪽

마른하늘에 날벼락이라는 말이 있지요. 벼락은 보통 비가 오
거나 오기 전에 치는데, 마른하늘, 즉 맑은 날씨에 벼락이 친다
니요. 참 당황스럽겠죠? 날씨 맑은 날, 기분 좋게 놀러 가려는데
갑자기 벼락이 치면 놀랄 거예요. 이처럼 예상치 못한 방해 요
소가 나타나면 당황할 수밖에 없습니다.

목이에게도 날벼락이 떨어집니다. 민 영감의 후계자가 되려
고 허드렛일을 하면서 열심히 배웠는데, 목이가 친자식이 아니

고 고아라서 후계자가 될 수 없다는 사실을 안 거죠. 목이가 그동안 꿈꾸던 것이 무너집니다. 낙심하고 있을 때 두루미 아저씨가 문을 닫아버린 바람이 다른 문을 열어주기도 한다며 위로합니다. 갑자기 바람이 불어서 문이 쾅 닫혀버려도 반대편에서 바람이 불어와서 문이 열릴 수도 있다는 거지요.

그동안 목이는 도공이라는 꿈을 이루기 위해 온갖 힘든 일을 견뎠고, 힘겹게 장작을 하고 무거운 진흙을 수없이 나르면서도 꿈을 잃지 않았어요. 그러나 말 그대로 마른하늘에 날벼락처럼 느닷없고 예상치 못한 고난과 걸림돌이 나타나 계획과 꿈이 틀어졌지요.

그런데 목이의 성실함과 꾸준함을 지켜보던 민 영감이 목이를 아들로 삼겠다고 합니다. 친자식이 아니라는 걸림돌 때문에 좌절했는데, 오히려 고아여서 민 영감의 아들이 될 수 있었던 셈입니다. 반대편에서 바람이 불어와 문이 열렸네요.

아르헨티나의 리오넬 메시는 외계인으로 불릴 만큼 최고의 플레이를 하는 축구 선수지요. 그런데 키가 170센티미터도 안되어서, 축구 선수로서는 작은 편입니다. 11살 때 성장 장애를 판정받았을 때는 의사가 150센티미터밖에 크지 않을 거라고 했답니다. 리오넬 메시는 이렇게 말합니다. 키가 작은 만큼 더 날

쌨고, 공을 공중에 띄우지 않는 자신만의 기술을 터득했다고 말이죠. 작은 키는 핸디캡이지만 그만큼 더 열심히 노력하게끔 하는 동력이기도 했기에, 오히려 메시는 독보적인 선수가 될 수 있었어요.

목이도 민 영감에게 인정받기 위해 더 열심히, 성실하게 일합니다. 민 영감의 아들이었다면 어차피 주어진 기회라며 게으름을 피울 수도 있었겠지요. 하지만 고아라는 걸림돌, 민 영감의 후계자가 될 수 없는 조건이 목이를 더욱 갈망하고 성장하게 만들었던 거죠.

스스로 강해지는 아이들

"네 덕분에 이제 라크 크리크에서 친구 한 명하고 반이 더 생긴 거 같아."

레슬리의 말을 들으니 제시는 가슴이 아팠다. 레슬리가 얼마나 간절히 친구를 원했는지 알 수 있었다.

『비밀의 숲, 테라비시아』, 147쪽

『비밀의 숲, 테라비시아』의 레슬리는 도시에서 전학 와서 은근히 따돌림을 당하다가 차츰 아이들과 친해집니다. 이렇게 극복하는 모습을 보면 감동스럽기도 하고 대견하기도 합니다. 극복하지 못하는 아이들도 많을 텐데요.

새롭게 전학 가서 아이들과 친해지기는 쉽지 않아요. 특히 먼저 다가가기 힘든 성격이라면 더더욱 힘들고 외로울 것 같아요. 어쩌면 초등학생에게는 인생 최대의 난관일지도 모릅니다. 그래서인지 주인공이 전학으로 인해 마음의 갈등을 겪는 이야기들이 많아요. 영화 〈인사이드 아웃〉, 〈아이킬자이언츠〉가 있고, 책으로는 『비밀의 숲 테라비시아』, 『캣보이』 등이 있어요. 대개 주인공은 4학년이나 5학년, 사춘기가 시작될 무렵이에요. 전학과 사춘기가 겹치면서 더 힘든 거죠.

우리 아이도 4학년 때 전학을 갔어요. 사춘기도 그렇지만 코로나19가 시작될 무렵이라 학교에 가지 않는 날이 많아서 친구를 사귈 기회조차 없이 낯선 도시에서 힘든 시간을 보내야 했어요. 저와 함께 빈 운동장에서 축구를 하거나 책을 읽으며 많은 시간을 보냈어요. 그때 저는 이런 책을 많이 보여주었어요. 자신과 비슷한 처지의 주인공들을 보며 아이가 위로받기를 바랐지요.

따돌림은 사회적으로도 꾸준히 관심을 가지고 해결해야 할 중요한 문제입니다. 〈우리들〉(윤가은 감독, 2016)이라는 영화의 주인공 선이는 착하지만 꾀가 없고 눈치가 없어서 은근히 따돌림을 당합니다. 그러다가 방학 동안 우연히 만난 전학생 친구 지아와 친해집니다. 지아는 선이에 대한 편견이 없는 상태이므로 호의적인 태도로 대합니다. 하지만 개학과 동시에 다른 아이들의 영향으로 선이를 멀리하죠. 자기까지 따돌림을 당할까 봐 두려웠을 거예요.

따돌림의 가장 큰 문제는 다른 사람들의 평판에 따라 타인을 대한다는 것입니다. 선이는 다행히도 담담하게 상황을 지켜볼 줄 아는 아이입니다. 그래서 지아가 외면해도 추측하거나 좌절만 하는 게 아니라 오해를 풀려고 노력합니다. 그리고 자신의 선한 성격을 지킵니다.

학교 논술 수업 시간에 이런 문제가 생기면 어떻게 해결할지 아이들에게 물어봤더니, 선생님이나 어른에게 알릴 거라고 하더군요. 더 큰 문제를 막기 위해 어른들에게 상황을 알리는 것도 좋지요. 하지만 스스로 해결하려고 한 번쯤은 시도해야 내면이 단단해지지 않을까요?

평판에 의한 따돌림은 본인의 잘못이 아닌 경우가 많습니다. 분위기 파악이 빠르지 않아서 은근히 따돌림을 받는 아이들일수록 스스로 강해질 수 있는 시간이 필요합니다. 아이들은 생각보다 강하니 기다려줄 필요도 있습니다.

말할 때와 말하지 말아야 할 때

클리터스에게는 내가 미처 몰랐던 능력이 있음을, 나는 차
츰 깨달아갔다. 말을 해야 할 때와 하지 말아야 할 때를 정확
히 가려내는 능력도 그중 하나였다.

– 『그리운 메이 아줌마』, 54쪽

『그리운 메이 아줌마』에서 서머와 오브 아저씨는 메이 아줌
마를 잃고 낙심한 상태로 서로 잘 돌봐주지 못합니다. 그즈음
클리터스라는 친구가 자주 놀러 오는데, 서머의 눈에는 철없이
까불거리기나 하는 남자애로 보이죠. 시간이 지나 서머와 오브
아저씨가 자신들만의 의식으로 메이 아줌마를 보낼 때, 아줌마
를 기리는 말을 쏟아내며 먼 하늘을 봅니다. 그때 클리터스는

아무 말도 하지 않습니다. 서머는 클리터스가 말할 때와 하지 말아야 할 때를 가려내는 아이라고 생각합니다.

클리터스는 평소에 가라앉은 분위기를 띄워주려고 실없는 말을 곧잘 했지만, 오브 아저씨가 먼 하늘을 보며 메이 아줌마를 떠올릴 때는 가만히 들어주는 것이 배려임을 알았던 것이죠. 자신의 기분에 따라 행동하기보다는 상대방의 마음부터 살피는 아이였어요.

『비밀의 숲, 테라비시아』에서 제시는 숲속에 가득 찬 떨리는 생명의 힘을 그리고 싶다고 말하지만, 정작 그림은 '마른 화석'처럼 보잘것없습니다. 자신감 없는 제시에게 친구 레슬리는 "걱정 마. 언젠가는 그릴 수 있을 거야"라고 말해줍니다. 레슬리는 거짓말을 하지도, 지나치게 솔직하게 말하지도 않습니다. 그림이 어떤지는 제시 자신이 잘 알고 있으니 어떤 말도 위로가 되지 않아요. 하지만 언젠가는 그릴 수 있다면서 그림을 포기하지 않게끔 용기를 줍니다.

이렇듯 레슬리나 클리터스는 상대의 마음을 알아차리고 용기를 북돋을 줄 압니다. 상대방이 기분 좋으라고 하는 겉치레가 아니라, 상대에게 필요한 말을 해주는 것이지요. 책을 통해 간접경험하여 내 품위와 인격을 다듬으면 친구들에게 호감을 주는 말도 자연스럽게 하게 되지 않을까 싶습니다.

모울은 황새가 왜 떠난 일을 끈질기게 묻고 들어갔다가도
위처가 그 일을 완식히는 말을 꺼내면 질은하고
눈을 깜박이며 묻기 민망한 일을 걸 알고 있었다.

– 『버드나무에 부는 바람』, 22쪽

『버드나무에 부는 바람』에는 '동물 예법'이라는 말이 등장해요. 모울은 '끈질기게' 질문하는 것이 예법에 어긋난다고 합니다. 친구의 사생활을 취조하듯 집요하게 물으면서, 관심이 있어서 그러는 거라고 변명하는 경우가 있습니다. 그러나 단순히 남의 말을 하기 좋아하거나, 자신의 궁금증을 해소하기 위해 그러는 것은 아닌지 반성할 필요가 있습니다. 상대방이 먼저 말하지 않으면 캐묻지 않고, 누가 봐도 좋은 소식이 아닐 때는 말없이 기다려주는 것이 모울이 말하는 예법이 아닐까요? 물론 끈질기게 묻는 게 위법은 아니지만, 예법을 지키는 사람들이 더 많아지면 좋겠습니다.

한쪽 눈과 한쪽 눈

늘대가 걷고 있는 지가 벌써 한 시간째다. 소년의 두 눈이 늘대를 쫓고 있는 지가 한 시간째다. 푸른빛이 감도는 늘대의 털이 철책을 스친다.

－『늑대의 눈』, 13쪽.

늑대는 사람들에게 절대 관심을 갖지 않겠다고 맹세했고 그 맹세를 2년 동안 지켜왔습니다. 이토록 경계심이 강한 늑대를 소년은 매일 찾아와서 바라봅니다. 마치 늑대가 받은 상처를 모두 들어주려는 듯 가만히 기다려줍니다. 『어린 왕자』에서 어린 왕자가 여우와 친구가 되기 위해 기다리는 부분과 닮았습니다.

"우선 참을성이 많아야 해. 처음에는 나랑 좀 멀리 떨어져서. 이렇게 풀밭에 앉아 있어. 그러면 내가 널 곁눈질로 힐끗 보겠지. 넌 아무 말도 하지 마. 말이란 오해를 낳기도 하니까. 그러다가 매일 조금씩 더 가까이 앉는 거야."

– 『어린 왕자』, 91쪽.

여우는 친구가 되기 위해서는 길들여져야 한다고 말합니다. 길들이는 것이 관계를 맺는 것이고 그러기 위해서는 참을성이 있어야 한다는 거죠. 여우는 자신과 친구가 되려면 세 가지를 지켜달라고 합니다. 같은 시간에 찾아올 것, 조금 떨어져서 쳐다보기만 할 것, 매일 조금씩 다가올 것.

이렇듯 친구를 사귀는 데는 누구나 자신만의 속도가 있습니다. 쉽게 사람에게 호감을 느끼고 금세 싫증을 느끼는 사람들은 친구를 사귈 때 먼저 다가갑니다. 반면 사람을 천천히 사귀는 사람은 느린 속도 때문에 자신에게 싫증 난 상대방에게 배신감을 느끼기도 합니다. 속도가 빠른 사람이 속도가 느린 사람을 맞춰주는 경우는 많지 않습니다. 그런데 여우는 자신이 속도가 느리다는 것을 알기에 상대에게 원하는 바를 알려줍니다. 어린 왕자는 자신의 속도만 내세우지 않고 여우의 속도에 맞춥니다.

여우가 까다롭다며 불만스러워하는 대신, 어린 왕자는 기꺼이 여우의 요구를 받아들입니다. 친구가 되고 싶다면서 그 정도도 못 견딘다면 앞으로도 잘 지내긴 힘들겠죠. 여우는 자신의 속도를 요구할 줄 알기에 어린 왕자처럼 좋은 친구를 사귑니다. 어린 왕자는 여우와 좋은 친구가 될 거라는 확신이 중요했기에 그 속도에 맞추고요.

마찬가지로 소년은 늑대와 진짜 친구가 되는 법을 알고, 어린 왕자처럼 마음이 닫힌 늑대의 마음이 열릴 때까지 기다려줍니다.

"늑대는 뭔가가 좀 부족하다. 아무 것도 아닌데 마보같이, 자기는 눈이 하나밖에 없는데 소년은 눈이다.

(중략)

그때 소년이 이상한 것을 한다. 그게 늑대의 마음을 가라앉히고 믿음이 생기게 만든다. 소년이 한쪽 눈을 감는 것이다. 이제, 아무도 없는 적막하기 짝이 없는 눈밭 한에서 언제까지라도 있을 수 없는 한쪽눈과 한쪽눈의 대결.

—『늑대의 눈』, 13~21쪽.

늘대는 소년의 눈을 봅니다. 늘대는 눈이 하나라서 소년의 두 눈 중 어디를 봐야 할지 모르겠습니다. 게다가 못 쓰는 눈의 상처를 비집고 눈물이 나옵니다. 그러자 소년이 한쪽 눈을 감습니다. 마침내 공평해진 거지요. 소년이 한쪽 눈을 감은 것은 한쪽 눈밖에 없는 늘대에 대한 배려입니다. 한쪽 눈을 가림으로써 동등한 입장을 만든 거지요. '너를 진심으로 이해하고 싶어'라는 마음을 담아서요.

마침내 늘대는 소년과 친구가 됩니다. 친한 친구가 생기면 사소한 일상과 비밀까지 털어놓고 싶어지듯, 늘대는 사소한 기억까지 모두 끌어모아 알려줍니다. 비밀을 주고받는 친구가 되려면 신뢰가 쌓여야 합니다. 말로만 네 편이라고 할 게 아니라, 상대방이 말하고 싶을 때까지 기다려주고, 상대방의 약점을 들추어내면 안 됩니다. 그리고 친구가 가지지 못한 것을 가졌다고 뻐기지 않아야 하지요.

소년은 늘대에게 그렇게 했습니다. 늘대의 아픈 눈을 무시하지 않았고, 두 눈이 멀쩡한 자신의 눈을 뻐기지 않았으며, 오히려 한쪽 눈을 가리며 동등해지려 노력했지요. 이렇듯 내가 먼저 좋은 친구가 되어주면 좋은 친구들이 따를 거예요.

늘대는 한쪽 눈이 감긴 상태로 오랫동안 지내다가 어느 날

두 눈을 번쩍 뜹니다. 기적이 일어난 걸까요? 사실은 감긴 눈꺼풀 속에서 늑대의 눈은 오래전에 다 나은 상태였습니다. 동물원에 갇힌 늑대는 한쪽 눈으로만 봐도 충분하다고 생각했습니다. 두 눈을 뜨고 볼 만큼 세상에 대한 기대가 없었던 것입니다. 하지만 늑대에게는 비밀을 지켜주는 친구가 생겼습니다. 그랬더니 "이건 두 눈으로 볼 만한데"라며 눈이 뜨입니다. 마음이 원하지 않았기에 눈도 떠지지 않았지만, 마음이 원하니 두 눈이 번쩍 뜨인 것이죠.

최근 마약 사범, 은둔형 외톨이, 사회부적응자 등 '정서적인 불안'이 원인이 되는 사건이 급증하고 있습니다. 그만큼 정서적인 안정이 중요한 시대입니다. 정서적인 불안감은 나에 대한 불안감과 연관이 있다고 생각합니다. 내가 어디서 불안을 느끼고 사랑을 느끼고 감동을 느끼는지 잘 찾는 사람이 '있는 그대로의 나'를 더 사랑할 수 있을 것입니다.

밑줄 긋고 점착 메모지를 붙이며 감동받았던 구절을 소개했습니다. 한 구절을 깊이 읽는 것이 책 한 권 전체의 메시지보다 강할 때가 있습니다. 좋아하는 구절이 차곡차곡 늘어날 때 소소한 기쁨도 늘어날 것입니다. 자신만의 기쁨이 쌓이면 마음속에 태양이 하나 생길 것입니다. 태양은 스스로 빛과 열을 가집니다.

외부에서 인정받으려 하기보다 스스로 에너지를 만들어가는 힘입니다. 나는 무엇에 감동받고 무엇에 사랑을 느끼고 무엇에 분노하는지, 자신을 예측할수록 마음도 단단해집니다. 불안의 시대에 여러분도 마음의 태양으로 스스로 에너지를 만들어가기를 바랍니다.

한 구절 참고도서

린다 수 박, 『사금파리 한 조각』, 서울문화사, 2008.
권정생, 『몽실 언니』, 창비, 2021.
캐서린 패터슨, 『비밀의 숲, 테라비시아』, 사파리, 2019.
J.M. 바스콘셀로스, 『나의 라임오렌지 나무』, 동녘주니어, 2015.
루이스 세뿔베다, 『갈매기에게 나는 법을 가르쳐준 고양이』, 바다출판사, 2015.
신시아 라일런트, 『그리운 메이 아줌마』, 사계절, 2014.
퍼트리샤 맥라클란, 『사진이 말해주는 것들』, 문학과 지성사, 2007.
미하엘 엔데, 『모모』, 비룡소, 2005.
다니엘 페나크, 『늑대의 눈』, 문학과지성사, 2018.

그 밖의 참고도서

이벤 아케를리, 『나는 그때 왜 비겁했을까?』, 아름다운 사람들, 2019.
빅터 프랭클, 『죽음의 수용소에서』, 청아 출판사, 2020.
존 윌리엄스, 『스토너』, 알에이치코리아, 2015.
톨스토이, 『사람은 무엇으로 사는가』, 창비, 2015.
유영소, 『알파벳 벌레가 스멀스멀』, 문학동네어린이, 2004.
로렌스 데이비드, 『변신』, 보림, 2000.
엘리 H. 라딩어, 『늑대의 지혜』, 생각의힘, 2018.
데이비드 맥키, 『다들 왜 화가 났을까?』, 키다리, 2014.

헬렌 옥슨버리,『이만큼 컸어요』, 웅진주니어, 2007.

케네스 그레이엄,『비드나무에 부는 바람』, 시공주니어, 2019.

생텍쥐페리,『어린 왕자』, 솔루니,

라이먼 프랭크 바움,『오즈의 마법사』, 비룡소, 2012.

베라 윌리엄스,『엄마의 의자』, 시공주니어, 2017.

김훈,『흑산』, 학고재, 2011.

한강,『여수의 사랑』, 문학과지성사, 2018.

미겔 데 세르반테스 사아베드라,『돈키호테 2』, 열린 책들, 2020.

박민규,『카스테라』, 문학동네, 2005.

필리파 피어스,『학교에 간 사자』, 논장, 2010.

루시 모드 몽고메리,『빨간 머리 앤』, 인디고, 2008.

레베카 하이스,『본능의 과학』, 윌북, 2021.

안소영,『책만 보는 바보』, 보림, 2005.

헤르만 헤세,『수레바퀴 아래서』, 민음사, 2001.

크리스티네 뇌스틀링거,『깡통 소년』, 미래엔아이세움, 2005.

안네 프랑크,『안네의 일기』, 지경사, 2021.

권정생,『용구 삼촌』, 산하, 2009.

참고 논문

Latané와 Darley(1970)

리처드 길버트(2장 15쪽)